LA REVOLUCIÓN VEGANA

Por qué y cómo avanzamos hacia
la próxima etapa de la historia

JOSEPH DE LA PAZ

Copyright © 2015 Joseph de la Paz
Corrección: Adrián López Galera
Portada: María Gandolfo

Ediciones Vitamina Vegana
Todos los derechos reservados.

ISBN: 1517473616
ISBN-13: 978-1517473617

ESTE LIBRO ESTÁ DEDICADO

A todos los animales inocentes que no comprenden por qué su vida es tan corta y miserable.

A todos los hombres que no comprenden que nuestra vida es corta y miserable.

A David, a quien no supe salvar.

A Beauty, la vaca del vecino, a quien no sé cómo salvar.

A mi hija, Halel, que abriéndose camino a la vida hizo que se me abrieran los ojos y el corazón.

A mi hija, Zohar, que me ayudó a aclarar mis ideas y empezar a escribir.

A mis padres, que me inculcaron el afán de justicia y la fe en la humanidad.

A Eden, sin quien no sería quien soy ni estaría donde estoy.

Al mundo del futuro, para que no olvide.

A ti, para que actúes.

ÍNDICE

PRÓLOGO

Cuando termines de leer esta página, 300 000 animales habrán muerto a manos del hombre. Si observas el mundo con atención, verás el ineludible infierno en el que lo hemos convertido para la mayoría de habitantes de este planeta. ¿Por qué?

La civilización humana, con todos sus grandes avances, está basada en la explotación diaria e implacable de los más débiles. Ante la pasividad de la mayoría de nosotros, la humanidad lleva siglos en estado de guerra con los animales. Nuestra política es la superioridad, la agresividad y la dominación. Los animales deben ser domesticados o extinguidos, devorados o encarcelados.

Hace aproximadamente 10 000 años se consolidó la revolución agrícola-ganadera. Ahora, es el momento de dejarla atrás. No sólo se trata de una necesidad imperiosa, dada la situación del mundo, sino que todos los adelantos y revoluciones anteriores —desde la rueda y la imprenta

hasta los medios de comunicación en masa e Internet—
desembocan, lógica e inevitablemente, en este momento:
estamos ante las puertas de la próxima etapa en la
evolución del hombre.

"Se huele, se oye, se siente.
A lo lejos, una humareda de polvo se levanta.
Es una caravana que se acerca, poco a poco,
directa hacia nosotros.
Es una era nueva que empieza.
La revolución vegana está llegando…"

Este libro no es una disertación sobre la historia o las
características del veganismo. Tampoco es un listado de los
motivos para ser vegano o de las atrocidades que se
cometen a diario en el mundo. Y, desde luego, no pretende
convencer a nadie que no haya dado ya un paso al frente.

¿Piensas que los animales son seres sensibles que
merecen un trato respetuoso por nuestra parte? ¿Te
interesa el veganismo? ¿Sientes que detrás de la abstención
de consumir productos de origen animal hay mucho más?
¿Te preocupa el futuro de la humanidad?

Si es así, quédate conmigo.

Te propongo un recorrido a través de los siete motivos
principales por los cuales la revolución vegana es necesaria,
desde los más egoístas hasta los más altruistas; un
recorrido por los beneficios físicos, mentales, sociales,
materiales y espirituales que podemos obtener gracias al
veganismo.

Te propongo que reformulemos nuestra comprensión
de lo que significa ser vegano y que descubramos las

diferentes capas que se esconden tras la oposición al consumo de productos de origen animal.

Te propongo que, con una visión renovada, observemos lo que pasa a nuestro alrededor; que identifiquemos cómo el veganismo avanza, por varios frentes, igual que avanzaron otras ideas que hoy son aceptadas sin discusión alguna.

La revolución vegana no sólo es necesaria, sino inevitable. Toda la historia humana nos conduce a este momento. Miremos al futuro con espíritu de superación y con esperanza.

Un mundo vegano será un mundo mejor. Está en nuestras manos.

Empecemos.

PRIMERA PARTE:

LA REVOLUCIÓN NECESARIA

POR NUESTRO CUERPO

«Los hombres cavan sus tumbas con sus propios dientes, y mueren más por esos instrumentos que por todas las armas de sus enemigos».
Pitágoras

«Cómete las albóndigas, hijo, que si no, no crecerás...»
Millones de madres y padres en todo el mundo

«Ya sea el sistema inmunológico, varios sistemas enzimáticos, la absorción de carcinógenos en las células, o actividades hormonales, la proteína animal generalmente sólo causa diabluras».
T. Colin Campbell, Ph.D. (*China Study*)

El fraude de la proteína animal

Hemos sido educados en la creencia de que necesitamos comer mucha proteína, tanto para crecer como para mantener nuestro cuerpo sano y en forma. También nos han enseñado que la proteína, la "buena" proteína, viene principalmente del reino animal, en forma de carne, pescado, huevos, leche y derivados.

Pues resulta que estábamos equivocados.

En primer lugar, necesitamos mucha menos proteína de la que creemos e ingerimos. ¿La mejor prueba? La leche materna. Es lógico razonar que cuando somos bebés es cuando más crecemos y, por lo tanto, necesitamos la mayor cantidad de proteína de nuestra vida. Si analizamos el porcentaje de proteína en la leche materna encontraremos que hay solamente entre un 0,9%[1] y un 1,2%, según cómo calculemos los datos.

A título comparativo, la leche de vaca contiene 4 veces más proteínas; la leche de conejo, 10 veces más. No es de extrañar. Los humanos tenemos características diferentes de otros animales. De hecho, cada especie animal tienes sus particularidades. En nuestro caso, la prioridad es el desarrollo del cerebro y un crecimiento físico lento para dar más tiempo al aprendizaje social y al apego con los progenitores.

En algunos casos, los datos disponibles hablan de un 5-7% de proteínas en la leche materna. La diferencia se basa en que aquí el cálculo se realiza como porcentaje del total de calorías[2]. Es decir, que un bebé de hasta 6 meses recibe aproximadamente un 6% de sus calorías en forma de proteína. Después, la naturaleza nos indica, a través de los cambios en la composición de la leche materna, que este porcentaje sigue bajando.

Pero si decidimos usar este método de cálculo, por el

motivo que sea, deberíamos comparar la leche materna con otros alimentos. Así, por ejemplo, el brócoli crudo aporta un 33% de sus calorías en forma de proteína. Los pistachos tostados, un 15%.

La conclusión es simple. En las etapas de mayor crecimiento del ser humano los porcentajes de proteína que necesitamos son mucho menores de los que consumimos actualmente. Expresado desde un punto de vista diferente, podríamos decir lo siguiente: es imposible sufrir una carencia de proteínas que no esté acompañada o causada por una simple falta de calorías. En otras palabras, si uno no tiene hambre, al parecer ya comió bastante proteína. La excepción sería si una persona se dedica a comer sólo azúcar o galletitas de chocolate. En cualquier caso, alguien que comiera exclusivamente pan o patatas, por poner un ejemplo, sufriría de escorbuto (carencia de vitamina C); pero no de carencia de proteína.

Por si acaso quedara alguna duda, lancemos un desafío público y pidamos ayuda en la recolección de casos de malnutrición y carencia de proteínas. Donemos incluso 100 euros por cada caso registrado de hospitalización debido a carencia proteínica no ligada a falta de calorías. ¿Cuántos casos conoces tú?

Aun así, para no ser quisquillosos y con el fin de demostrar que no hay problema en conseguir proteína de los alimentos vegetales, ciñámonos a las recomendaciones de la OMS (Organización Mundial de la Salud): 0,8 gramos de proteína por kilo de masa corporal. Esto equivale, según parámetros de buena salud y condición física, a un 10,9% del aporte calórico total diario. Es todavía mucho menos de lo que contiene la mayoría de los alimentos vegetales.

En segundo lugar, hay que aclarar el mito de la

"proteína completa". No existe proteína buena y proteína mala: podemos encontrar en el reino vegetal toda la proteína que requiere nuestro cuerpo para su buen funcionamiento.

Entendamos en primer lugar qué es una proteína.

Las proteínas son moléculas compuestas de aminoácidos. Se conocen 21 tipos de aminoácidos, de los cuales 9 deben ser ingeridos a través de los alimentos y el resto puede ser reciclado por nuestras células.

Siempre se ha creído que la proteína animal es más completa porque contiene los 9 aminoácidos esenciales. Sin embargo, ahora se sabe que también los vegetales tienen todos los aminoácidos esenciales, lo que pasa es que suele haber uno de ellos en cantidades muy bajas. Este es el motivo por el cual se recomienda normalmente combinar ciertos alimentos. Aunque al principio parecía un arte muy complicado, en realidad resulta algo de lo más sencillo. Hay que combinar algún tipo de legumbre (garbanzos, lentejas, habichuelas, habas, guisantes...) con algún tipo de cereal (trigo, arroz, cebada, maíz, avena...). Para ello, la sabia gastronomía popular del mundo nos asiste: arroz con frijoles, pita con *hummus* o *falafel*, *mujaddara* (arroz con lentejas)...

Además, a diferencia de lo que se creía en el pasado, no es necesario combinar estos alimentos en la misma comida. Al parecer, ni siquiera hace falta que sea durante el mismo día, ya que el cuerpo sabe almacenar e utilizar los aminoácidos necesarios para construir proteínas.

No obstante, incluso si esto nos pareciera complicado y nos empeñáramos en no diversificar mínimamente nuestra alimentación —con los otros problemas nutritivos que esto acarrearía—, también recibiríamos nuestra ración recomendada de proteína. Aunque no parece una idea muy seductora, sólo para ilustrar y demostrar este punto, conviene saber que la ingesta de 12,75 tazas de maíz aporta los 63 gramos de proteína "completa" recomendados a un varón de 80 kg.[3] Si no le gusta el maíz, puede comer 15,5 tazas de arroz cocinado, o 8 patatas grandes, o 2,5 tazas de tofu.

Estos son los datos científicos más básicos. Sin embargo, a veces resulta más útil y significativo conocer los casos de atletas y deportistas de élite veganos. Cada vez hay más, en muchos países.[4]

Especialmente llamativos son los casos del mundo del culturismo. Por ejemplo, Patrick Baboumian, vegano, es el Hombre Más Fuerte de Alemania con 105Kg. Alex Dargatz es otro vegano que ganó el campeonato mundial de culturismo en 2005 tras 5 años absteniéndose de productos de origen animal. Kennet G. Williams y Joel Kirkilis también ganaron campeonatos de culturismo siendo veganos.

En atletismo, precisamente en las maratones y las ultramaratones, los atletas veganos están rompiendo todas las ideas preconcebidas. Hay mucha motivación por demostrar que la dieta estrictamente vegetariana ayuda a mejorar los registros físicos de cualquier atleta. La estrella indiscutible de esta categoría es el atleta de ultra-maratón Scott Jurek, autor del libro "Correr, comer, vivir[5]" y ganador de numerosas competiciones y medallas en todo el mundo. Vegano desde 1999, tiene centenares de miles de seguidores a quienes inspira con su estilo de vida sano, su actitud ética y su espíritu de superación. Su última hazaña —el 12 de julio de 2015— ha sido batir el récord del Appalachian Trail (Sendero de los Apalaches), una ruta de senderismo de 3500 km al este de los EEUU que Scott Jurek completó en 46 días, 8 horas y 10 minutos.

Y aun así, quizás el mayor ejemplo de todos sea el caso de Carl Lewis, uno de los mejores atletas de todos los tiempos, ganador de nueve medallas de oro olímpicas. Tras varios años en los que había perdido su indiscutible hegemonía en las carreras de 100 metros, Lewis se pasó a una dieta vegana. Un año más tarde, en 1991, en los Campeonatos Mundiales de Tokyo, con seis de los ocho finalistas por debajo de la barrera de los 10 segundos, Carl Lewis volvió a ganar y batió además el record mundial. Con lágrimas en los ojos, él mismo decía: "Es la mejor carrera de mi vida. La mejor técnica, la más rápida. Y lo he hecho con 30 años[6]".

La influencia de la dieta vegana sobre sus logros atléticos era resumida así por el propio Carl Lewis: "Mi mejor año de competición en velocidad fue el primer año que comí una dieta vegana".

Así pues, se mire como se mire, podemos establecer con la conciencia tranquila que no tenemos ninguna necesidad de ingerir proteína de origen animal. Si lo hacemos es por gusto o comodidad, no por necesidad.

Las enfermedades

Pero no únicamente es innecesario sino peligroso. Si decidimos meter en nuestro cuerpo, por el motivo que sea, un producto de origen animal, estamos ingiriendo al mismo tiempo toda una serie de sustancias nocivas que dañan nuestra salud.

Los productos de origen animal suelen tener niveles muy altos de grasa y de grasa saturada. De hecho, los animales destinados a la carne son cebados y engordados a marchas forzadas, más de lo que sería natural, por lo cual, el ya alto nivel de grasa sube aún más mientras disminuye su calidad.

Además, están repletos de antibióticos, necesarios para mantener en pie a unos animales criados en unas condiciones durísimas y antinaturales, fruto de la necesidad de la industria de 'mantener bajos costos y aumentar la rentabilidad'. Los antibióticos suelen ser administrados por personal no médico, con instrumentos no esterilizados, y, a menudo, en dosis mucho mayores de lo adecuado, 'por si acaso'. Estas sustancias químicas dejan restos que permanecen en la carne, o pasan a través de la sangre a la leche o a los huevos.

No sólo ingerimos comida con restos de antibiótico. También metemos en nuestro cuerpo bacterias fortalecidas que resisten a esos antibióticos, y disminuimos el efecto curador potencial que podría tener un antibiótico en caso de estar nosotros enfermos y necesitarlo. De hecho, ésta es la razón por la que ya se habla de "carnívoros pasivos", personas que no comen productos de origen animal pero que sufren las consecuencias de la industria ganadera al enfrentarse a bacterias y enfermedades cada vez más peligrosas.

Los productos de origen animal también están infestados de hormonas. La industria busca rentabilizar cada centímetro de terreno, cada minuto de producción y cada gramo de carne. Por eso, los animales son tratados con hormonas y esteroides que aceleran su crecimiento y aumentan la rentabilidad del negocio.

Si en los años 50 en EEUU, transcurrían entre 84 y 91 días desde el nacimiento de una gallina hasta su muerte, hoy en día se mata a las gallinas con sólo 40 o 45 días de vida. Esta es la norma y muestra la tendencia en la industria de la carne, los lácteos y los huevos.

Ciertamente, se puede argumentar que también los cereales, las verduras y las frutas en la agricultura moderna reciben una enorme dosis de hormonas e insecticidas. Mayor motivo para no consumir productos de origen animal, ya que los animales no comen aire. Se alimentan justamente de granos, vegetales, restos de animales y desechos varios de la peor calidad posible, la más barata, con un alto nivel de pesticidas y hormonas.

Quien realmente esté preocupado por el nivel de productos químicos en los vegetales, debe primero abstenerse de comer proteína animal, y luego, preocuparse por encontrar un buen proveedor de verduras, frutas y cereales ecológicos.

Lo mismo es cierto con respecto a los transgénicos. El principal temor con los transgénicos es que todavía no sabemos cómo pueden afectar a la salud humana a largo plazo. Mucho se ha escrito y hablado sobre los productos vegetales modificados genéticamente. Principalmente, se previene a menudo contra el consumo de soja por el peligro de que ésta sea transgénica. Sin embargo, se olvida que la mayoría de la soja y el maíz transgénicos se usan para alimentar al ganado. De hecho, como veremos posteriormente en el capítulo sobre sostenibilidad y medio ambiente, se podría decir que la necesidad de alimentar —cebar— a tantos millones de animales es lo que ha empujado a la industria a desarrollar los transgénicos.

Los productos de origen animal contienen también un nivel altísimo de toxinas debido a la enorme cantidad de insecticidas que se usan en las instalaciones donde están confinados los animales y a las condiciones de confinamiento donde los animales literalmente están bañados en excrementos, orina, cadáveres no retirados, miembros mutilados y sangre.

Todas estas toxinas que respiran los animales terminan en nuestros platos. Pero no están solas. Llegan acompañadas de antibióticos diversos, hormonas de laboratorio y un alto nivel de grasa. Todo este paquete se cuela en nuestros cuerpos aprovechando nuestra falsa creencia de que "necesitamos" proteína animal.

El resultado es nefasto, y las pruebas de ello son abundantes y escalofriantes: cáncer, colesterol, tensión alta, diabetes, osteoporosis, tumores, depresión, fallos cerebrales, enfermedades del corazón…

¿Qué les estamos haciendo a nuestros cuerpos que las enfermedades relacionadas con el consumo de productos de origen animal no hacen más que aumentar año tras año?

De acuerdo a la OMS (Organización Mundial de la Salud), entre 2000 y 2012, el porcentaje de muertes por enfermedades no transmisibles en el mundo aumentó un 13%[7]. El 87% de las defunciones en los países ricos fueron por enfermedades no transmisibles. Esta lista está encabezada por el cáncer, las enfermedades del corazón y del cerebro, la diabetes, y la insuficiencia renal.

Todas estas enfermedades están relacionadas con el consumo de carne, pescado, lácteos y huevos. También lo están la osteoporósis, la obesidad, ciertas deficiencias sanguíneas y otras enfermedades "menores", menos letales.

Innumerables investigaciones han confirmado las conclusiones a las que llegó el Dr. Campbell con su Estudio de China[8]. Las tasas de cáncer, enfermedades cardiovasculares, diabetes e insuficiencia renal son siempre más bajas entre los vegetarianos, y aún más bajas entre los veganos.

No sólo eso, sino que en la última década se está descubriendo cómo una dieta totalmente vegetal puede invertir enfermedades y curar al paciente como ninguna otra medicina lo había conseguido.

No son descubrimientos que harán subir las acciones de las compañías farmacéuticas o de la alimentación; pero es nuestro deber conocer estos datos para poder mejorar nuestra salud y la de nuestros seres queridos. ¿Cómo podemos seguir envenenándonos solamente para satisfacer nuestro goloso e insaciable apetito?

Ya hemos visto que la proteína de origen animal no es necesaria para el cuerpo. Más bien es peligrosa, al llegar con todo un arsenal de sustancias químicas nocivas que dañan nuestra salud.

Irónicamente, en vez de lograr nuestro objetivo original —nutrirnos y proporcionar a nuestro organismo las sustancias necesarias para nuestro crecimiento y para la regeneración de nuestras células—, lo que hacemos es intoxicarnos nosotros mismos, inducidos por una falsa creencia que hemos heredado generación tras generación; una creencia que, durante las últimas décadas de abundancia en el mundo occidental, se ha convertido en especialmente peligrosa y letal.

Perjuicios a la salud humana de la experimentación en animales

Los perjuicios de la explotación animal sobre nuestra salud no se limitan a lo que comemos. Nuestro desprecio por la vida de otros animales también nos cobra un alto precio en el ámbito del desarrollo médico.

La experimentación en animales, considerada un paso indispensable para el estudio y la aprobación de nuevos medicamentos y tratamientos, es una práctica retrógrada y un lastre para el avance científico. Simplemente se cierran los ojos ante las diferencias fisiológicas, psicológicas y circunstanciales entre los animales de laboratorio y los humanos en libertad.

Algunas diferencias, más allá del aspecto, son evidentes. Las ratas, por ejemplo, son los animales más utilizados en investigación. Cada hora se publican en el mundo una docena de estudios que involucran ratas, todas ellas seleccionadas genéticamente. Estos animales carecen de bazo, un órgano cuya importancia en numerosos procesos del cuerpo está reconocida. Los factores psicológicos, los cuales sabemos hoy que son fundamentales para el éxito o fracaso de cualquier tratamiento, cambian claramente entre animales encerrados en laboratorios y humanos del siglo XXI. También otros condicionantes del entorno como la polución, el ruido, la exposición al sol o los aditivos químicos en la comida —como el popular E401— alteran las condiciones básicas que deberían ser similares para dar validez a las conclusiones científicas que luego sirven para recetar medicamentos "seguros" a la población humana.

Sólo en los EEUU, se atribuyen más de 106 000 muertes anuales a *reacciones adversas a medicamentos* (ADR), lo cual las convierte en la cuarta causa de muerte[9] en ese país. Son los mismos medicamentos desarrollados a través de experimentos en animales y que, por ley, deben probarse numerosas veces en animales de laboratorio para cerciorarse de su efectividad.

La inexplicable tozudez del hombre por aprovechar su capacidad de experimentar con animales también demora la solución a problemas de salud graves y urgentes. La fe ciega en los modelos de investigación en monos, por ejemplo, entorpeció la lucha contra la polio. Según una declaración en el Congreso americano del Dr. Albert Sabin[10], creador de la vacuna oral contra la polio, al observar casos de monos infectados, se concluyó que la infección se llevaba a cabo a través del sistema nervioso, cuando en realidad, en los humanos, la principal vía de contagio era el sistema gastrointestinal. Así se perdieron años en el desarrollo de la vacuna y se alargó el sufrimiento, no sólo de los monos, sino de familias enteras en todo el mundo.

El Dr. Jerry Vlasak, durante su primer año de trabajo como residente de cirugía en EEUU, fue animado por sus colegas a experimentar con animales para avanzar en la profesión. Pasó un año practicando la vivisección y visitando laboratorios de animales de todo el país. Fue una experiencia "alucinante" y pasó página. Años después, escribió: "Aprendí que el 85% de todos los datos recogidos en los experimentos con animales era literalmente tirado a la basura porque era inútil para todos, humanos y no humanos; ni siquiera se publicaba, y menos aún era usado para ayudar a la gente. Del resto, casi todo era considerado de utilidad nula para la salud humana. ¿Y ese 1 ó 2% de información que quizás, algún día, podría ayudar de alguna manera a alguien? Esa información se hubiera podido obtener de manera más exacta y barata usando métodos modernos, progresivos y sin animales".

La práctica científica de probar medicamentos y tratamientos diversos con animales para deducir su conveniencia para los seres humanos está quedando obsoleta, al entender que las diferencias fisiológicas y anatómicas entre los humanos y los demás animales son demasiado importantes como para extrapolar los resultados. Los únicos avances verdaderos que se han conseguido han sido gracias a que fueron probados gradualmente en pacientes que sufrían los síntomas que se querían tratar.

En la actualidad, está demostrado que probar un medicamento con animales no sirve para verificar su eficacia, ni puede indicar los peligros de su uso con humanos. Sirve para tener una coartada en caso de demanda contra la empresa farmacéutica y justamente por eso es peligroso. Se puede recetar un medicamento nuevo a millones de personas tras haberlo probado en varios miles de animales sin detectar peligro alguno, y después comprobar que en los humanos tiene un efecto secundario dañino.

No podemos pretender por un lado que somos diferentes y superiores al resto de miembros del reino animal, y por otro, torturar, experimentar y matar a millones de animales bajo la premisa de que, al tener ojos, tráquea, corazón, hígado, nervios etc., son parecidos a nosotros y podemos aprender de su sufrimiento para mejorar nuestra salud. Esta hipócrita y absurda realidad nos hace daño también a nosotros, y no sólo a los millones de animales indefensos en laboratorios.

Lo explica de manera contundente el Dr. Richard Klausner, investigador animal y exdirector del Instituto Nacional de Cáncer (EEUU): "La historia de la investigación del cáncer ha sido una historia de curación del cáncer en las ratas. Hemos curado a ratas con cáncer durante décadas y simplemente no funciona en humanos".

Las soluciones a los problemas del cuerpo humano no se encuentran en los cuerpos de otros animales.

Por otro lado, volviendo a la nutrición, comer cuerpos y secreciones de animales enfermos daña nuestra salud. Nos enferma, nos hace sufrir y nos mata. No hay necesidad de ello. Hoy, por fin, sabemos a ciencia cierta que no necesitamos alimentarnos de proteína animal.

Podríamos resumirlo de la siguiente manera: todos los animales que participan en la industria de la carne, el pescado, los lácteos y los huevos terminan sufriendo y muriendo antes de tiempo; todos, incluidos los miembros de la especie humana.

POR NUESTRA MENTE

«Mente sana en cuerpo sano».

Juvenal

«¿Qué somos, sino lo que comemos?»

Bartolomeo Beccari

«Una dieta vegetariana nos proporciona energía pacífica y amorosa, y no sólo a nuestro cuerpo sino, sobre todo, a nuestro espíritu».

Pitágoras

Al ingerir los cuerpos y secreciones de animales enfermizos perjudicamos lentamente a nuestro cuerpo. Pero no es únicamente nuestra salud física la que sale perjudicada. También nuestra salud mental se resiente. Nuestro espíritu sufre y nuestra aura vital disminuye.

En primer lugar, el consumo de productos de origen animal es una de las mayores causas de obesidad. A su vez la obesidad, además de los problemas físicos que acarrea, tiene varios efectos a nivel mental —principalmente una disminución en la autoestima del individuo. Otras consecuencias relacionadas son la bulimia o la anorexia, ambas en alza durante las últimas décadas. El progresivo y constante aumento de esta plaga que azota especialmente a las jóvenes occidentales coincide con el sólido y progresivo crecimiento del consumo de carnes, lácteos y huevos. Si bien es cierto que hay muchos factores que tomar en cuenta y aunque existen pocos estudios que hayan examinado esta relación, al analizar detenidamente la composición de los productos de origen animal y el proceso que termina en nuestro plato, no es sino razonable confirmar esta intuición.

Comer animales que han sido cebados nos acerca a la obesidad. Engordamos a los animales y nos engordamos nosotros. Al ver en el plato tejidos y secreciones de animales atormentados, no es extraño que den ganas de vomitar o de ayunar. Somos lo que comemos. Y a veces es preferible no comer para no ser miserable.

En segundo lugar, se advierte un alarmante aumento en los casos de depresión en la sociedad occidental, que es la que más carne y lácteos consume en el mundo. Actualmente, la prevalencia de trastornos depresivos es del 15% de la población que acude a asistencia médica primaria[11]. Esto no incluye a muchos adolescentes y adultos que simplemente no buscan ayuda médica por vergüenza, ignorancia o apatía. La medicación de fármacos antidepresivos lleva décadas aumentando en el mundo occidental. En muchos casos estos fármacos han encabezado las listas de medicamentos más prescritos[12].

La correlación estadística entre países que consumen carne y los niveles de medicación de antidepresivos es bastante clara. Hay, por supuesto, otros factores que influyen. Por eso no podemos señalar una relación de causalidad con certeza absoluta, pero es una irresponsabilidad ignorar o descartar el consumo de productos de origen animal.

Más bien, debería ser lógico. Al ingerir cadáveres y secreciones de animales que han vivido atormentados en toda su acortada y desgraciada vida, estamos fusionándonos nosotros mismos con ese sufrimiento. Al comer los restos de una vida de sufrimiento, alimentamos nuestro propio sufrimiento. Puede ser algo metafísico, o un simple criterio químico que los microscopios del año 2015 todavía no saben identificar y cuantificar, pero cualquier niño o cualquier adulto con un poco de intuición y honestidad lo puede comprender. Si comes o bebes de un animal triste y desesperado, no te sorprendas si la tristeza y la desesperación se apoderan de ti más a menudo.

Lo mismo ocurre con la ansiedad, el estrés y la demencia. Los animales sienten (¡esa es una de las principales premisas en las que se basa el veganismo!). Y esos sentimientos que los animales confinados en gigantescos campos de concentración desarrollan y albergan no se evaporan en el aire ni se lavan con agua.

Examinemos el ejemplo de la leche. Se sabe que el estado anímico de una madre influye en gran medida en la composición, las características y la calidad de la leche con la que amamanta a su bebé. Es así con las madres humanas, y es así también con las madres de otros mamíferos. Las vacas a quienes les han robado —no hay otra palabra— a su bebé recién nacido, sufren inmensamente y se quedan muy tocadas anímicamente. Horas después son conducidas a las instalaciones donde les conectan un tubo metálico frío que succionará sus pezones, en vez de la agradable, cálida y húmeda boquita de su bebé. Los días pasarán y la rutina se repetirá. Casi cada día, oirá a lo lejos a otras mamás llorando y gritando porque les acaban de usurpar a sus hijos.

Más allá de las hormonas, los antibióticos, el pus, las grasas y la lactosa que se encuentran en la leche, ¿qué energía y qué vibraciones vitales producirán esas madres a través del alimento originalmente planeado para sus pequeños terneros? Sólo tristeza, estrés, frustración y violencia, todos ellos trazos muy comunes en la opulenta sociedad occidental, ávida consumidora de productos derivados de la leche materna de vacas y cabras.

No podemos seguir ignorando las consecuencias de estas vivencias para la comida que luego nos venden en envases relucientes con imágenes de animales sonrientes. Es todo un engaño. Es una de las mayores mentiras del mundo y nuestra salud mental resulta gravemente perjudicada.

De alguna manera, la ansiedad, el estrés, la depresión, la demencia que sufren los animales se transmiten a quienes comen sus cuerpos o beben la leche de sus hijos. Que no haya todavía pruebas científicas irrefutables de ello no significa que no sea cierto. Es necesario hacer simplemente uso de nuestra inteligencia intuitiva para comprender lo que es lógico, lo que funciona según las leyes de la naturaleza y de la vida.

Comer productos animales no sólo hace daño a nuestro cuerpo sino, lo que es aún más grave, a nuestra mente y espíritu. Al hacer barbaridades con los animales, más allá del dolor físico, sufrimos todos.

Somos todos seres sensibles. Cada vez que compramos

un producto de origen animal y financiamos el sistema de esclavitud de los animales, el sufrimiento que causamos se vuelve hacia nosotros, silenciosa pero inevitablemente.

POR NUESTRA SOCIEDAD

«Mientras tengamos mataderos, tendremos campos de batalla»

León Tolstoi

«Los criminales, luchadores y malhechores acostumbran a comer abundante carne para así endurecer su conciencia y ser más eficientes en sus nefastas acciones»

Jean-Jacques Rousseau

«Mientras la gente siga derramando la sangre de inocentes criaturas, no puede haber paz, ni libertad, ni armonía entre las personas. La masacre y la justicia no pueden convivir».

Isaac Bashevis Singer

«Adolf Hitler tenía en su pared de la oficina un cuadro con la imagen de Henry Ford, el consumado capitalista y supremacista racista cuyas líneas de montaje inspiraron el mecanismo de exterminio en masa de Hitler. Ford, por su parte, sacó su idea de la cadena de montaje de las líneas de desmontaje de los antiguos mataderos de Chicago».

Dr. Will Tuttle

La violencia engendra violencia. No somos impermeables ante ella, y si le dejamos un sitio, incluso pequeñito, en nuestra vida, nos la contaminará y amargará.

Una persona que salga a la calle y empuje a los ancianos, dé patadas a los niños, pegue a la gente, viole y mate, no puede luego volver a casa y comportarse como un ángel con su propia familia. Podría, de hecho, pero se trataría de un psicópata y tarde o temprano acontecería una desgracia.

Una persona que maltrate habitualmente a animales tiene más posibilidades de terminar maltratando a otros seres humanos. Si es un sádico que disfruta haciendo sufrir a un gato, a un perro o al animal que sea, también será una persona peligrosa para sus semejantes.

También es preocupante lo que les ocurre a las víctimas olvidadas de la industria de los productos animales: los trabajadores, normalmente explotados con salario mínimo y condiciones sociales precarias. Llegar cada mañana a un campo de concentración, enfundarse el batín lleno de manchas de sangre, encender el shocker eléctrico, asistir al gemido constante y a los gritos de dolor de miles de animales que son degollados, inseminados, separados, esclavizados, utilizados, descuartizados o despellejados día tras día no puede no hacer mella en el alma de una persona. Al volver a casa, ¿qué tipo de persona es? ¿En quién se ha convertido? ¿Cómo se ve a sí mismo? ¿Le contará un cuento a su niña sobre la vaca que hace 'mu' y el cerdito rosa que hace 'oing oing'?

En su libro, *Slaughterhouse* (Matadero), Gail Eisnitz, que era la jefa de los investigadores de la Humane Farming Association, publicó las transcripciones de las entrevistas que durante años había realizado con los trabajadores de la industria de la carne, los huevos y los lácteos. Su obra fue clave para aportar luz a la explotación que sufren los humanos que trabajan en una de las industrias más crueles que puede haber. Pero también aportan luz al estudio de las consecuencias que tiene la violencia hacia los animales en el alma de las personas.

He aquí algunos testimonios:

"Abajo, en el foso de la sangre, dicen que el olor de la sangre te hace agresivo. Y es cierto. Tienes una actitud de que si aquel cerdo me da una patada, me voy a tomar la revancha. Ya lo vas a matar, pero eso no basta. Tiene que sufrir. Cuando te llega uno vivo piensas, oh Dios, voy a reventar a ese cabrón. Otra cosa que pasa es que ya no te importa el dolor de la gente. Antes solía ser muy sensible con los problemas de la gente, siempre estaba dispuesto a escuchar. Después de un tiempo, te desensibilizas..."[13]

"Hay cerdos que se me acercaban en el mismo recinto del matadero y me acariciaban con el   hocico como un perrito. Dos minutos después tenía que matarlos, pegarles con el tubo hasta la muerte. No puedo dejar que me importen… Estaba matando a cosas. Mi actitud era que es sólo un animal. Mátalo. A veces miraba a la gente de esa manera también. He tenido pensamientos de colgar a mi jefe cabeza abajo en la línea y golpearlo".[14]

No nos hagamos ilusiones: algo en las profundidades del alma de esa persona sufre enormemente, y por ello es peligroso. Aunque veamos a un ser humano golpeando, acuchillando o descuartizando a un animal, en el fondo, deberíamos ver también a esa persona como una víctima indirecta de la violencia especista.

Sin embargo, esta reflexión no sirve solamente para los trabajadores de una fábrica de carne. También resulta válida para los que transportan a los animales de un lugar a otro; para los que trabajan en esos campos pero dentro de una oficina y sólo oyen los gritos de los animales cuando, de vez en cuando, el locutor de la radio hace una larga pausa para tragar saliva; para los vendedores de pescado que sacan a un pez vivo de la diminuta piscina donde son exhibidos al público y mientras éste se retuerce agonizante, le dan un martillazo en la cabeza y se disponen a hacer la cuenta al cliente; para esos mismos clientes que asisten a la escena mientras consultan distraídamente su teléfono inteligente; para quienes trabajan en la industria láctea y cuya especialidad es entrar rápidamente después del parto y robar al ternero antes de que la madre pueda reaccionar; para quienes forman parte de la horrible industria de peleas de gallos, carreras de galgos o de caballos; para los trabajadores de un circo o de un zoo donde un buen día resulta que han de sacrificar a un animal por consideraciones de planificación demográfica; para los espectadores de corridas de toros y rodeos; para las miles de personas que salen regularmente a cazar animales por diversión o aburrimiento; para todos aquellos que disfrutan maltratando a un animal, sea de la especie que sea.

Esta idea no es esotérica. Muchas investigaciones han encontrado que la mayoría de quienes maltratan a seres humanos empezaron primero maltratando a otros animales. Es de hecho uno de los parámetros que las agencias de seguridad tienen en cuenta a la hora de crear el perfil de criminales peligrosos para la sociedad.

La misma reflexión —de que la violencia que empleamos hacia los demás animales continúa residiendo en nuestro interior— es también válida cuando, sin ejecutar ninguna violencia física directamente, la ignoramos, nos acostumbramos a ella y la aceptamos. La indiferencia es incluso más peligrosa, ya que en el fondo otorga un cheque en blanco a los individuos sin escrúpulos para realizar verdaderas atrocidades con nuestra convenientemente distraída complicidad.

Esta indiferencia se apodera de quienes saben y no actúan; de quienes comen y no preguntan, de quienes ven y aplauden; de quienes pagan. La indiferencia se apodera de todos, y por eso se convierte en un problema social.

Pero volvamos por un momento al matadero y a los testimonios de los trabajadores. En otra serie de testimonios a una organización laboral, HRW, se recoge:

"Una vez la compañía fue multada por violaciones de la seguridad y el gerente nos dijo: 'tened cuidado o tendremos que pagar más multas'. No nos dijo que tuviéramos cuidado para que nadie resultase herido".

En otro caso, en una investigación sobre la esclavitud y el tráfico humano en Tailandia, la investigadora Cathy Zimmerman declaró ante la Fundación Thomson Reuters:

"La pesca es una de las industrias más notorias del país en cuestión de tráfico, con varias víctimas encuestadas que trabajan 19 horas al día todos los días de la semana y pasan más de un año seguido en el mar. Uno de los participantes del estudio contó a los investigadores que había estado en el mar durante cerca de 10 años, sin posibilidad de escapar; mientras que otros informaron haber visto a pescadores lesionados siendo empujados por la borda. Definitivamente, hay testigos que presenciaron asesinatos."

Esto no es sorprendente, pero nos debería hacer reflexionar. La misma industria que actua de manera cruel hacia los animales, sean de otras especies o de la nuestra, no lo hace motivada por un instinto de maldad perversa: sino por el ansia de ganar un céntimo más por cada animal, por cada minuto que la línea funciona, por cada día que se acorta la vida de una criatura, por cada gramo de más que su cuerpo engorda. Esa misma avaricia, que no tiene reparos en manipular y atormentar millones de vidas con el propósito de aumentar las ganancias, conduce a la explotación sin miramientos de los trabajadores humanos hasta el límite de su capacidad física y psicológica. No hay consideración hacia los humanos como no la hay hacia los no humanos. El final que aguarda a unos y a otros es diferente, pero a ojos de la maquinaria industrial y capitalista no hay en el fondo diferencia. Son simplemente medios para rentabilizar la inversión de capital.

Cada uno de nosotros es, de facto, un cómplice de lo que pasa.

Nos hemos convertido en una sociedad que envía a ciertas personas, a menudo inmigrantes ilegales o ciudadanos de capas desfavorecidas, a realizar labores de carnicería en nuestro nombre, para nuestro supuesto placer. Nos hemos convertido en una sociedad indiferente al sufrimiento con los más indefensos del mundo, los otros animales, y por eso estamos cada vez más indefensos ante otros que son, a su vez, más poderosos que nosotros.

Nos hemos convertido en una sociedad hipócrita.

Nuestra actitud hacia los demás animales, como sociedad, es el embrión de la actitud con la que afrontamos los problemas sociales relacionados con la violencia, la seguridad y la justicia: callar y pagar a otros para que hagan el trabajo sucio.

Ya en el siglo XVII, el filósofo británico John Locke, oponiéndose a la postura de Descartes, argumentaba que la crueldad con los animales tiene efectos negativos sobre la evolución ética de los niños, que más tarde aplican esa brutalidad a su interacción con otros seres humanos.[15]

Cada día, cuando millones de personas comen carne de animales esclavizados o beben leche robada a una madre, estamos reafirmando, como sociedad, nuestra pasividad ante la violencia contra los más débiles. Estamos enterrando cada día más nuestra capacidad para entender y conectar las cosas, protestar ante la injusticia y reaccionar.

"Allí donde se queman libros, se termina quemando a los hombres", escribió premonitoriamente el poeta alemán Heinrich Heine en el siglo XIX. Podríamos extrapolar esta idea a lo que ocurre en el ámbito de la violencia cotidiana en el mundo.

Allí donde se mata a otros animales, se termina matando también a otros hombres. Allí donde se viola a las hembras de otras especies (léase el eufemismo "inseminación artificial para la industria láctea"), se termina también violando a mujeres. Allí donde se esclaviza a ciertos animales, se termina esclavizando a los hombres. Allí donde se encierra a algunos animales en jaulas diminutas, se termina encerrando a humanos en minúsculos cubículos. Allí donde se ve en los animales no humanos simples objetos con utilidad limitada, se termina viendo a los hombres como simples objetos con utilidad limitada. Allí donde se ignora el sufrimiento de cualquier animal, se termina ignorando cualquier sufrimiento.

Una sociedad que vive de la muerte y del sufrimiento de otros seres está invitando a la muerte y al sufrimiento a instalarse en ella. No se puede aislar la violencia, hay que luchar para erradicarla.

Si seguimos ignorando la injusticia que cometemos, al final seremos justamente ignorados.

Una sociedad violenta y cruel con los más débiles se hace cada vez más violenta, cruel e indiferente hacia sus propios miembros. Sólo cuando procuremos actuar con justicia y compasión hacia los más indefensos nos transformaremos en una sociedad mejor.

Una sociedad pacífica hacia los animales podrá empezar a ser una sociedad en paz consigo misma; más armoniosa, más justa y más solidaria.

POR LOS DEMÁS HUMANOS

«La acción de reemplazar los productos cárnicos no sólo puede lograr reducciones más rápidas en los gases de efecto invernadero, sino también puede revertir las crisis mundiales actuales de alimentos y de agua».
WorldWatch Institute

«82% de los niños que mueren de hambre viven en países donde se alimenta a animales, y los animales son comidos en países occidentales».
Dr. Richard A. Oppenlander

«Cada día 40 000 niños mueren en el mundo por falta de comida. Nosotros en Occidente, que estamos alimentando con cereales a los animales para hacer carne, estamos comiendo la carne de estos niños».
Thich Nhat Hanh

Hemos visto básicamente los motivos más egoístas para abrazar el veganismo y adoptar un estilo de vida libre de explotación animal. Beneficia nuestra salud física, nuestra salud mental y nuestra comunidad.

Pero... ¿qué pasa con los demás, con aquellos que no vemos?

La aplicación del veganismo no sólo nos beneficia a nosotros sino que tiene el potencial, adoptado globalmente, de cambiar radicalmente algunos de los mayores males endémicos del mundo: el hambre, la desigualdad, la pobreza y la falta de recursos naturales.

La clave de todo esto se encuentra en los siguientes datos:

Mientras que cada año mueren de hambre casi 8 millones de seres humanos, el 60% de cereales que se produce en todo el mundo se destina a alimentar a los animales de la industria de la carne, el pescado, los huevos y la leche. ¡Por cada kilo de carne que se come, se necesitan entre 5 y 16 kilos de cereales y 100 000 litros de agua!

A pesar de que millones de humanos luchan por sobrevivir por debajo de sus necesidades nutritivas básicas, al "producir" un kilo de carne animal se pierde el 90% de la proteína original de los cereales, el 99% de los carbohidratos y el 100% de la fibra.

Mientras que, según los expertos, la escasez de agua puede convertirse en el principal foco de inestabilidad y guerras en distintas partes del mundo, el 70% del agua corriente del mundo se usa para la agricultura animal, así como el 38% de las tierras habitadas y arables.

Malgastamos nuestros recursos más preciados, comida y agua, en cebar a los animales que esclavizamos, a pesar de que millones de seres humanos sufren carencias nutritivas y mueren de hambre. También derrochamos energía, electricidad, petróleo y dinero en crear, transportar, gestionar y mantener toda esta gigantesca operación.

En definitiva, se trata de un negocio que ocupa la parte más grande de la tierra continental accesible, consume el porcentaje más grande de comida, energía y dinero, y produce más basura y polución que ningún otro.

Visto desde los ojos de un extraterrestre, parecería que los habitantes de la Tierra se dedican principalmente a criar animales para su consumo. Es la actividad económica con mayor impacto en la Tierra. Pero quizás le costaría entender a un *alien* por qué aun así hay tanta hambre, tanta pobreza y desigualdad y tantos conflictos por los recursos naturales.

Sin duda, los motivos de la desigualdad humana van más allá de las soluciones inmediatas que propone el veganismo. Actualmente, se tiran a diario toneladas de alimentos, sobre todo en los países occidentales. El problema de la desigualdad va íntimamente ligado al problema de la distribución injusta e ineficaz de los recursos.

Sin embargo, quizás precisamente debido a esta injusticia e ineficacia, la reconducción de recursos básicos como cereales, agua, energía y dinero que son invertidos en la producción de carnes, lácteos y huevos, podría cambiar la dinámica y solventar una vasta parte de los problemas de desigualdad, pobreza y hambre en el mundo.

No debemos pensar sólo en la situación actual, sino fijarnos en lo que está sucediendo y mirar al futuro a los ojos. La población mundial sigue creciendo a marchas forzadas. Se estima que seremos más de 9000 millones de humanos en el 2050. En un escenario así y con los datos en la mano, el consumo de productos de origen animal se antoja como un capricho que no podremos seguir permitiéndonos por mucho tiempo más.

Ya no se trata de nuestra salud, ni de salvar la vida de billones de animales esclavizados, ni siquiera de luchar por salvar el planeta. Pongamos de lado por un momento todos estos otros factores. Solamente la flagrante falta de lógica estructural del negocio de la agricultura animal, sus enormes costos, su injusticia inherente y el desequilibrio que causa a nivel mundial, deberían bastar para que cambiemos nuestra dieta.

El problema puede ser aún mayor de lo previsto. El número de humanos sigue creciendo, pero lo hace principalmente en países donde el nivel de vida sube, y donde se aspira a seguir el modelo occidental. En estos países, se imita cada vez más las costumbres y el estilo de vida estadounidenses, con su elevadísimo porcentaje de productos de origen animal. De esta manera, cada año hay más humanos en la Tierra y cada humano, de promedio, come más carnes, más huevos y más productos lácteos.

Así, no parece que el hambre y la pobreza extrema vayan a desaparecer. Más bien al revés.

¿En qué momento se hará esta situación totalmente insostenible, injustificable e insoportable? Es cuestión de tiempo, si no cambiamos nuestros hábitos a nivel global.

Un mundo vegano sería más solidario, más equilibrado, más capaz de terminar con el hambre y la falta de recursos naturales. El sólo hecho de reconducir nuestro comportamiento con los demás animales tendría como efecto más inmediato la reformulación de la solidaridad humana en todo el planeta. Al respetar a las otras especies, nuestra propia solidaridad con los miembros de nuestra misma especie se renovaría y fortalecería.

A aquellos que se ven tentados a pensar que el veganismo y el movimiento de liberación animal no se preocupan bastante por los mismos humanos, hay que decirles fuerte y claro: ¡no hay ningún otro imperativo ético en el mundo que aporte tantos beneficios a la propia humanidad como el veganismo!

POR LOS ANIMALES

«Los animales sienten, como los hombres, alegría y dolor, felicidad e infelicidad».
Charles Darwin

''Primero fue necesario civilizar al hombre en su relación con el hombre. Ahora es necesario civilizar al hombre en su relación con la naturaleza y los animales.''
Víctor Hugo

«Aquellos que no dudan en realizar la vivisección, no dudarán tampoco en mentir al respecto».
George Bernard Shaw

«En relación a los animales, todos los humanos son nazis; para ellos, esto es un eterno Treblinka».
Isaac Bashevis Singer

De los numerosos motivos tratados aquí para abstenerse de productos de origen animal, éste es sin duda el más evidente, el más importante, el más noble, el más inmediato y el más urgente. Se refiere a la base del veganismo como imperativo ético. El hecho de no haber empezado con él se debe al deseo de trazar un recorrido desde los motivos más egoístas a los más altruistas, de los más concretos y palpables a los más abstractos y lejanos; un recorrido de ida y vuelta.

Aunque no conozco investigaciones fiables sobre cuáles son las razones fundamentales por las cuales la gente se hace vegana, parto de la asunción de que la mayoría nos preocupamos primero por nosotros mismos y, luego, pensamos en los demás. Aún así, me consta que la empatía hacia el sufrimiento de los demás es el mayor motivo por el cual hay millones de veganos nuevos en el mundo.

En todo caso, el sufrimiento animal está ampliamente documentado, y es un excelente ejemplo de la eficacia de las imágenes y los vídeos en comparación con la palabra escrita. Basta ver un minuto de un documental filmado con cámara oculta en un matadero para que nuestra humanidad, en su mejor y más literario sentido, salga a flor de piel, nos identifiquemos con el sufrimiento de otros y deseemos poner fin a tal tormento.

Lo único que voy a intentar hacer aquí, pues, es describir a grandes trazos, fríamente si cabe, el sufrimiento que infligimos a las diferentes especies de animales sometidas por el hombre y, al final, permitirme unirme a todos ellos en su clamor por compasión, justicia y respeto. Un momento: ¿justicia? ¿respeto? ¿para con los animales? ¿No son éstas palabras mayores que se deben usar únicamente en el contexto de una sociedad humana?

Al observar la terrible vida que sufren miles de millones de animales en la Tierra, es importante que nos pongamos de acuerdo sobre un principio fundamental y, luego recordar dos hechos básicos.

El principio que debemos establecer es que los animales no nos pertenecen. No son objetos, ni juguetes. Son seres vivos que tienen su propia conciencia, sus propios sentimientos y necesidades, y no tenemos ningún derecho a imponer nuestra voluntad sobre ellos. Los animales tienen la capacidad de alegrarse y sufrir, pero aquellos que viven bajo la tiranía del hombre sólo sufren y son humillados a diario. Les hemos robado su alegría, su libertad y su dignidad.

Los dos hechos básicos que debemos recordar son que, primero, no necesitamos realmente nada de los demás animales. Podemos vivir perfectamente sin aprovecharnos de ellos. Hoy más que nunca lo sabemos. Segundo, los animales no nos han hecho ningún daño. Aunque parezca una banalidad mencionarlo, ningún animal nos ha atacado ni ha sido hostil hacia nosotros. Más bien es al contrario…

Así pues, si no necesitamos nada de los animales, ni nos defendemos ante ellos, ¿por qué les estamos haciendo tanto daño? ¿Por qué callamos ante tanta crueldad? Es nuestra obligación corregir esta situación y empezar a tratar al resto de animales con justicia, respeto y solidaridad.

Y ahora, sobre lo que pasa en nuestro planeta cada día en nuestro nombre…

Las gallinas

Muchos consideran a las gallinas la especie más explotada del planeta. En número de muertes individuales, ocupan el primer lugar entre las especies no marinas. El objetivo, además de su carne, es conseguir sus huevos no fecundados.

Las gallinas destinadas desde el principio para ser comidas malviven en condiciones de hacinamiento desde que nacen hasta el día que se las mata. Si en libertad una gallina podría vivir de promedio 365 días, en la industria avícola su longevidad se ha reducido hasta los 40 o 45 hoy en día, punto óptimo de rentabilidad para mantener y alimentar al animal.

Pero dejemos la longevidad de un lado. ¿Quién querría vivir así? Su pico es desgarrado a los pocos días para evitar agresiones entre gallinas. Anestesia no hay. La gallina pasa su vida en una jaula de apenas unos centímetros cuadrados que les impide incluso estirar sus alas o sus patas. Libertad de movimientos, vida social, actividad física… no hay. La comida es un conglomerado fijo e invariable compuesto de cereales y soja transgénicos; a veces, se les añade también restos de otros animales (a menudo otras gallinas muertas accidentalmente).

Y al final, entre chillidos de terror, sujetadas bocabajo en una línea industrial automatizada son degolladas y su cuerpo amontonado en un carro para su posterior procesamiento.

Las gallinas "ponedoras" no tienen mejor suerte. De raza diferente a las destinadas a la producción de pollo, han sido seleccionadas genéticamente para tener unas características propias: mucho más propensas a poner huevos y menos a engordar rápidamente. Por eso, al día de nacer, los pollitos llegan a la fábrica donde trabajadores especializados —sexadores— seleccionan manualmente a las hembras. Los varones, que no ponen huevos y cuyas características los hacen poco rentables para la industria de la carne, son lanzados vivos a la trituradora o a cubos de basura donde mueren lentamente uno encima del otro. Los que son triturados sirven de alimento posteriormente para sus hermanas o para otros animales.

También aquí, se corta el pico de las gallinas con una cuchilla ardiendo. Así se evita que las gallinas se agredan las unas a las otras a través de los orificios de las jaulas. Las gallinas son animales con una gran vida social en condiciones naturales, y el hecho de vivir hacinadas en jaulas diminutas donde apenas pueden estirarse las desequilibra y las vuelve especialmente agresivas.

El único objetivo de toda la instalación es "producir" el mayor número de huevos, y para ello se ajusta la temperatura adecuada del gallinero, se ilumina constantemente a las gallinas y se les suministran hormonas y productos químicos adicionales. El ruido y los chillidos son terroríficos. Miles de gallinas enjauladas sin apenas moverse, sin apenas dormir, sin ningún atisbo de vida mínimamente normal, enloquecidas y enfermas, van poniendo huevos inútilmente hasta que la estadística muestra que ya no ponen bastantes huevos. Entonces, son amontonadas en un camión y trasladadas a otra instalación diferente donde son asesinadas para servir de alimento a otros animales o a humanos.

Las vacas

Las vacas son, junto a las gallinas, los principales animales terrestres de quienes abusa la industria alimenticia. Constituyen casi la mitad de la producción de carne en el mundo y la mayor parte de la producción de leche para consumo humano.

Al nacer, los terneros son separados de sus madres. Esto ocurre al cabo de unas horas, dos o tres en algunos casos, y hasta 48 horas en otros lugares. El objetivo es que la madre dé una primera dosis de calostro a su bebé y lo fortalezca antes de ser encerrado en los compartimentos especiales destinados para terneros donde será alimentado con un sucedáneo de leche.

Si el recién nacido es macho, será vendido rápidamente a la industria cárnica donde será castrado, cebado con una dieta rica en grasas y carente de hierro, y confinado a una parcela de dimensiones mínimas para que sus músculos no se desarrollen y su carne sea más tierna y apetitosa. Ésta se comercializará como ternera lechal tras unas semanas de crecimiento o, según las leyes de oferta y demanda, quizás lo dejen vivir unos meses más para comercializar su cuerpo sin vida como simple ternera o carne roja. Algunos pocos machos son mantenidos con vida para convertirse en sementales y su semen será exprimido miles de veces con la ayuda de vaginas artificiales o con el método de la electroeyaculación.

Si la ternera nacida es hembra, será pronto reintroducida a los establos. Allí esperará junto a miles de hembras esclavas de la industria lechera. Cuando llegue a los 9-12 meses de edad, mucho antes de lo que ocurriría en condiciones naturales, será inseminada artificialmente: un trabajador de la "granja" introducirá su brazo hasta el codo por la vagina de la vaca y disparará con un aplicador el semen congelado de un toro. Una vez preñada, se esperará 9 meses y medio hasta que llegue el parto. Entonces se repetirá la historia: la vaca da a luz, amamanta a su pequeño unas horas, lo limpia, le da calor, y entonces entran hombres al recinto, distraen a la vaca y le roban a su bebé.

La industria lechera es un negocio y, como tal, no le es rentable que la ternera beba la leche que pretende vender. Por eso se separa al recién nacido y se lo alimenta con sustitutos más baratos, enriquecidos con proteína vegetal, hormonas y antibióticos. A las madres, aún conmocionadas, se las conecta a las máquinas de ordeñar para robar la leche que estaba destinada a sus hijos y venderla para el consumo humano.

Un mes y medio después, mientras siguen siendo ordeñadas a diario, reciben la visita del violador de turno, que las volverá a inseminar fríamente para que queden preñadas. Durante el embarazo, seguirán siendo ordeñadas varias veces al día, ya que ésta es la función que la industria les ha asignado. Tras 9 meses y medio, otra vez, la vaca se prepara para dar a luz una nueva criatura que será robada de nuevo, reactivando el ciclo una vez más.

Es difícil ignorar el dolor y el llanto de una madre a quien le roban a su hijo. Aun así, es una práctica común en el mundo cuando se trata de las vacas. Pero… es la única manera viable de suministrar las enormes cantidades de leche, queso, yogures y helados a las que la sociedad se ha acostumbrado.

En vez de vivir 25 años, como sería normal, las vacas lecheras raramente alcanzan la edad de seis. Cuando sus cuerpos violados, exprimidos y cansados ya no producen las enormes cantidades de leche que son rentables para el negocio, deben hacer sitio a hembras más jovencitas que mantengan los objetivos y las ganancias al máximo. Pero aún les sacan un último provecho: son cargadas en vehículos y transportadas a mataderos para servir de hamburguesas y otros embutidos, o para servir de alimento a otros animales.

Tanto las vacas lecheras desahuciadas como sus hijos

varones destinados a la industria de la carne llegan a los mataderos donde les espera una verdadera cadena de desmontaje. Tras ser empujados con palos eléctricos para avanzar por el pasillo por donde se niegan a pasar, el suelo que pisan desaparece para dejarle paso a una barra automática que transportará a los animales a la primera estación. Ahí los espera una persona que les dispara en la cabeza con una pistola de bala cautiva, con el fin de dejarlos inconscientes y facilitar el resto del procedimiento. Es la etapa del aturdimiento.

Para quitarle la vida a la vaca, se la degüella y se espera a que se desangre. A menudo, la sangre también se recoge para su comercialización. Después se procede a quitar la piel y a descuartizar el cadáver. Cada etapa tiene un número de segundos o minutos contados. La línea de "producción" no se puede detener ni un momento.

Los cerdos

Los cerdos son animales extremadamente curiosos, sociales, sensibles e inteligentes. Según varios estudios, su inteligencia y memoria superan las de los perros. En condiciones naturales, un cerdo puede vivir hasta la edad de 20 años.

Sin embargo, la vida de los cerdos sometidos por el hombre tiene poco que ver con sus peculiaridades naturales. Las hembras son inseminadas artificialmente —se les introduce semen en la vagina con un tubo de metal— y no pueden salir de los denominados "corrales de gestación", que tienen apenas el tamaño de su cuerpo. La frustración de permanecer los cuatro meses del embarazo sin apenas poder moverse les hace golpearse la cabeza contra las barras de hierro de su jaula y morderlas.

Antes de dar a luz, son trasladadas a "corrales de parto" donde paren y amamantan a sus lechones, recostadas en el suelo de un corral de aproximadamente las mismas dimensiones que ocupan. Nada más nacer, con apenas 15 minutos de vida, cortan los dientes a los lechones[16], con la excusa de que los dientes causan dolor a la madre cuando es amamantada y además los cachorros se mordisquean entre ellos cuando se disputan el acceso a alguno de los pezones. La sabia Naturaleza es "corregida" mediante esta práctica cruel a bebés recién nacidos a fin de aumentar la cantidad de leche mamada, acelerar el crecimiento de los lechones y prevenir cualquier daño a la "mercancía".

Cuando tienen entre dos y tres semanas, llega el momento de la castración para los varones. Esto se hace para que sean más dóciles y cómodos de manejar. Además, así crecen con más grasas en su cuerpo y su carne tendrá un olor menos intenso a verraco. Una persona sujeta al cachorro boca abajo mientras otra corta los testículos. Sin anestesia, con un cuchillo afilado, en cuestión de pocos segundos, se termina con uno y se pasa al siguiente.

A las tres semanas, tras haber sufrido ya dos mutilaciones en su vida, los lechones son separados de sus madres y trasladados a otro recinto, llamado comúnmente "parvulario". Ahí sufren una mutilación más: se les cortan las orejas para su identificación. Es un antiguo sistema, parecido en su lógica a la numeración romana, según el cual cada tipo de corte corresponde a un número predeterminado, y la suma de ellos resulta en el número de identificación de cada individuo. Aunque hay muchas maneras de identificar a los animales —como collares, tatuajes y chapas de plástico— ésta es, según la propia industria, "una forma fácil y la más barata"[17].

Cuando alcanzan entre 15 y 30 kg de peso, los cerdos son trasladados a las "pocilgas finales" donde vivirán hacinados y serán cebados hasta que pesen unos 120 kg, a la edad de 6 meses. Muchos morirán por enfermedades y patologías, como el atrofiamiento de los músculos. Los que sobrevivan, a pesar de la ansiedad, la depresión y la demencia, son amontonados en camiones y llevados a los mataderos. Pero no todos llegan vivos. A causa de los largos viajes y el consecuente estrés, la deshidratación, los vómitos y las largas horas de ayuno, es frecuente la muerte de cerdos durante el viaje. En EEUU, en un solo año, el Departamento de Agricultura reportó la llegada de 277.000 cerdos ya muertos a los mataderos.

Hay varios sistemas para matar a los cerdos. Todos tienen algo en común: se llevan a cabo de la manera más rápida y eficaz posible. Por eso, no es de extrañar que con frecuencia se den casos de agonía y plena conciencia del animal mientras los cuerpos y los cadáveres son arrojados rápidamente unos encima de otros.

No obstante, el animal que aún está consciente para darse cuenta de la carnicería que tiene lugar a su alrededor, ya debe estar psicológicamente preparado y prevenido. Tras una corta pero intensa vida de sufrimiento y mutilaciones bajo el yugo de los humanos, ha asumido su incapacidad de defenderse y desarrollarse con un mínimo de normalidad.

Las cabras y las ovejas

Las cabras y las ovejas son rumiantes como las vacas, y son igualmente usadas para carne y leche. Las ovejas además proveen a la industria de la lana.

Aproximadamente, cada año se mata a más de 450 millones de cabras y más de 600 millones de ovejas.

Varios días después de su nacimiento —una vez asegurada su supervivencia—, los terneros y los cabritos son despojados de sus progenitoras con el fin de aprovechar la leche de las madres y enviarlos a la industria de la carne.[18]

Los animales son privados de una de sus actividades más características: pastar durante horas cada día yendo de un lado a otro. En la inmensa mayoría de casos, la típica e idílica imagen del joven pastor que camina entre colinas cada día con su rebaño se ha transformado en corrales donde las cabras o las ovejas viven en gran densidad, con mínimo ejercicio físico, y alimentadas con comida preparada de antemano y "enriquecida" con proteína vegetal y animal.

La industria no se contenta con haber manipulado genéticamente las razas de animales que cría, sino que intenta maximizar su rentabilidad en el competitivo mundo de la industria alimenticia cebando a los animales, encerrándolos para que ganen peso y acelerando el proceso con hormonas de crecimiento.

Estas prácticas causan un inestimable daño psicológico a cada animal, al privarlo de los instintos que la naturaleza y miles de años de evolución le han dado. Por ello, a fin de evitar comportamientos agresivos, la industria practica la castración sistemática de los machos que no están destinados al apareamiento. Esta mutilación se lleva a cabo a los pocos días de vida.[19]

Asimismo, existe la práctica del descornado, o para ser más exactos, el desyemado. Las yemas son los pequeños e incipientes cuernos de un rumiante. El momento más fácil para descornar a un animal es con apenas una semana de vida, cuando los cuernos no son todavía cuernos, y esto se hace con una barra hueca de hierro ardiendo que se clava en la cabeza del animal para arrancar la raíz de su yema mientras es sujetado e inmovilizado por un ayudante. ¿Anestesia? La industria prefiere ahorrar.

Para satisfacer la demanda de lana, las ovejas son esquiladas a máquina por trabajadores remunerados no por hora, sino por oveja. La consecuencia es un proceso rápido e insensible, en el cual la oveja es sujetada con fuerza mientras se la afeita. Los cortes y las heridas son frecuentes, pero no hay tiempo para demasiados remilgos. La oveja suele permanecer inmóvil, aterrorizada y ansiosa por refugiarse, lo cual lleva a mucha gente a creer que en el fondo disfruta del proceso.

Al final, como cualquier otro animal destinado a consumo humano, las cabras y las ovejas terminan en el matadero. Los corderos suelen ser degollados con 3 o 4 meses para ser vendidos como cordero lechal o pascual. En vez de vivir entre 10 y 12 años (ovejas) o entre 12 y 20 (cabras), las ovejas y cabras lecheras normalmente no llegan a los 7 u 8 años. Cuando su nivel de producción de leche deja de ser rentable, se decide enviarlas al matadero donde experimentarán un horror similar al que viven las vacas, los cerdos y otras aves.

Los patos, los pavos y otras aves

Se estima que cada año matamos a más de 3 millones y medio de aves, sin incluir a gallinas. La gran mayoría de estas víctimas son patos.

Desde su nacimiento hasta su muerte, la vida de patos, pavos y gansos es bastante similar a la de las gallinas destinadas al consumo de carne. La misma idea se repite: lograr que crezcan lo máximo, lo más rápido y lo más barato posible. Y entonces, degollar a los animales para descuartizar sus cuerpos y venderlos para el consumo humano.

La cría de pavos empieza con la recolecta manual del semen de los machos y la inseminación, también manual, de las hembras. Cuando los polluelos nacen son trasladados a corrales donde se hacinan miles de aves. El espacio por pavo puede llegar a 23 cm². Con el paso de los días, los excrementos y la orina que inundan el suelo causan enfermedades en sus patas. Los líquidos desinfectantes como el amoníaco no resuelven el problema y a menudo lo empeoran. El olor y el ruido de miles de seres desesperados y angustiados es insoportable.

La agresividad de los pavos ante situaciones tan estresantes no se resuelve acomodándolos en ambientes más espaciosos o naturales. Justo lo contrario, en un proceso similar al realizado con las gallinas, se corta aproximadamente la mitad de la parte superior de sus picos y se arranca la parte inferior para evitar que se dañen unos a otros, lo cual causaría pérdidas económicas al negocio. Tras ese trauma, los pavos deben volver a aprender a comer y a beber con su nuevo pico mutilado.

También les cortan una parte de los dedos para evitar también que puedan herirse unos a otros. Así, les cuesta incluso caminar los pocos centímetros que tienen y mantenerse de pie. A los machos además les cortan el moco, o carúncula, ese apéndice carnoso que sale mayoritariamente de la cabeza y suele balancearse por debajo del pico, como una trenza coqueta.

Debido a la selección genética, la inactividad física, la alimentación grasienta, los antibióticos y las hormonas de crecimiento, cuando los pavos alcanzan entre 16 y 24 semanas de vida, alcanzan el pico de la rentabilidad para la industria y son enviados al matadero. Amontonados en camiones pueden viajar horas y horas hasta llegar a las instalaciones de exterminio donde sufrirán un último proceso aterrorizador y humillante.

El proceso está tan automatizado que hay mataderos donde se matan a 360 pavos por minuto, 60 pavos cada segundo en una misma instalación industrial. Primero los cuelgan patas arriba en los ganchos de un riel automático de transporte y luego avanzan, mientras intentan oponerse, hacia la parte donde se los electrocuta con un baño de agua para aturdirlos y evitar su resistencia. Entonces pasan por la parte donde cuchillas automáticas las degüellan para que desangren hasta morir. Las aves que sobreviven a esta fase vivirán el horror en la siguiente, donde se las escalda con agua hirviendo para desplumarlas. Aquí ya no hay escapatoria, y los cadáveres continúan por el proceso que termina con la carne de pavo, condimentada y camuflada en los platos de millones de adultos y niños humanos.

Los animales marinos

Más de 2853 peces y otros animales marinos mueren cada segundo por causa directa del hombre. Sí, cada segundo. Y esto no incluye efectos secundarios como la polución, efectos del cambio climático, asfixia o intoxicación causados por deshechos plásticos o hambre a causa de la destrucción de otras especies a manos del hombre.

Estamos hablando de 90 mil millones de animales marinos cada año, según estimaciones conservadoras de ADAPTT (Animals Deserve Absolute Protection Today and Tomorrow). La dificultad de calcular esta cifra radica en el hecho de que la industria pesquera cuenta a los peces que pesca por peso, y no por el número de individuos a los que quita la vida. Un pequeño ejemplo del valor que otorgamos a la vida de otros seres vivos.

En los últimos años, se está pasando a consumir cada vez más peces cuyo origen viene de la piscicultura (piscinas y granjas marinas). Aun así, hoy todavía, la mayor cantidad de animales marinos que mueren lo hacen por la pesca.

La pesca puede parecer a priori como el método más natural, tradicional y menos cruel dentro de la industria de los alimentos de origen animal. Pero la realidad es que para pescar cantidades tan monstruosas de peces cada día, los pesqueros despliegan redes gigantescas de varios kilómetros que arrasan con cualquier forma de vida que se encuentran en el camino. Al rastrear los fondos del océano, destruyen también la vegetación y los corales. En las redes, los animales se amontonan y aplastan los unos con los otros. Algunos mueren de asfixia, otros por descompresión al ser arrastrados a gran velocidad a la superficie, lo cual hace que los ojos salgan de sus órbitas y los órganos internos se colapsen dentro de su cuerpo. Los que logren sobrevivir a la traumática experiencia de ser capturados en las redes, sufren de asfixia fuera del mar. Algunos son rematados al ser descargados al barco mientras otros mueren tras una larga agonía.

Al usar redes de tal tamaño, inevitablemente se pescan cada vez miles de peces no destinados al consumo humano. Exactamente 20 toneladas al año son extraídas de los océanos, considerados como daños colaterales de la pesca industrial: peces de especies diversas, delfines, ballenas y otros cetáceos, tortugas, estrellas de mar y corales. Se estima que al menos mil mamíferos marinos mueren cada día como daño colateral de la pesca industrial. Es el precio por la pesca indiscriminada.

Los delfines, por ejemplo, tan carismáticos y admirados en la cultura popular occidental, viven íntimamente ligados a los bancos de atunes, cuya carne es sumamente popular en el mundo. Una de las maneras que tienen los pesqueros de localizar bancos de atún es seguir a los delfines, y en el momento adecuado extender las gigantescas redes. Así, resulta que cada plato de atún implica un trocito de un delfín muerto. Lo veamos o no, lo comamos o no, el precio se paga inevitablemente.

Mientras los océanos se vacían a un ritmo vertiginoso, hace ya años que la industria del pescado empezó a desarrollar alternativas a la pesca masiva. Se trata de piscinas artificiales y granjas marinas. Sin embargo, en opinión de muchos expertos, estas prácticas son aún más devastadoras y crueles.

En primer lugar, los peces "cultivados" tienen que ser alimentados. Para ello, hay que pescar peces más pequeños que les sirvan de alimento. También se aprovecha la captura incidental de la pesca industrial. Últimamente, está aumentando la tendencia de alimentar a los peces de piscinas y granjas con proteína vegetal (soja y cereales transgénicos) y restos de animales terrestres de baja calidad. Las consecuencias de esta práctica en la salud de los peces, y en la de los humanos que los comen después, aún no han sido debidamente estudiadas pero con un poco de sentido común, se entiende que no puede tratarse de nada bueno.

Además de los alimentos básicos, se suministran a los peces hormonas de crecimiento y antibióticos, igual que a los animales terrestres.

En las piscinas y granjas marinas, los peces viven en una densidad similar a la que conocen los animales terrestres en las granjas industriales. Los peces, cuyas características y anatomía están diseñadas para nadar largas distancias cada día, son privados de su libertad y de su hábitat. El estrés y la angustia ante el hacinamiento de individuos sin posibilidad de movimiento son evidentes.

Cuando alcanzan el tamaño deseado para su comercialización, son sacados del agua y mueren por asfixia lentamente o electrocutados con un arpón eléctrico para evitar efectos no deseados en la carne del pez.

Los peces, que se encuentran entre los habitantes más veteranos del planeta y son el resultado de millones de años de evolución natural, están siendo masacrados a diario por la industria pesquera. Cientos de especies están en peligro de extinción por la pesca indiscriminada y otras pocas van camino a convertirse en especies esclavas mantenidas en vida únicamente en cautividad para el consumo humano.

Las abejas

La miel es el nombre que le damos a la sustancia que las abejas vomitan y reabsorben unas 50 veces hasta que alcanza su composición ideal. Hemos crecido creyendo que es algo de lo más corriente, pero si caminaras por el campo y vieras una colmena, ¿te pararías a recoger su miel?

Las abejas son vendidas como mercancía. Para iniciar una colmena nueva, lo primero que se hace es pedir a un criador de insectos una reina madre. Ésta llegará por correo en una cajita ventilada. Si no lo han hecho ya, habrá que cortarle las alas. Sin reina madre, ninguna abeja producirá miel. Por eso hay que hacer lo que sea para evitar que escape. Tras uno o dos años, se suele matarla y sustituirla por una más joven.

Más allá de los perjuicios de la miel para la salud humana y del enorme daño ecológico que supone la apicultura, el solo acto de mutilar las alas de la reina madre es en sí un acto de violencia física de la mayor crueldad, y arrancar la miel de las paredes de la colmena es simplemente un robo y un abuso.

La miel sirve de alimento para las abejas de todas las edades, y también de material aislante para proteger la colmena. Cuando nos apoderamos de ella, les estamos robando algo que les pertenece y que necesitan. A cambio, les damos azúcar...

Como en otros casos de la industria ganadera, cuando las abejas de una colmena disminuyen su producción y dejan de ser rentables, suelen ser destruidas y sustituidas por una colonia nueva, reiniciando así el ciclo de explotación de las abejas.

Hablar de la explotación de las abejas, de robarles su comida, puede parecerles a muchos un poco extraño al principio. Sin embargo se trata, al fin y al cabo, del mismo sistema por el cual nos apropiamos de la carne, la leche, los huevos, la piel o cualquier cosa que le pertenezca a otro ser vivo. Cosificamos a los demás, ignorando sus intereses o deseos. Una vez más, nos creemos con derecho a manipular a los otros para nuestro beneficio.

Animales para la experimentación

Nos hacen creer que los experimentos con animales son necesarios porque ayudan a salvar vidas humanas. Incluso la persona que más simpatice con el sufrimiento de los animales en las granjas industriales, frunce el ceño extrañada ante el argumento de que hay que poner fin a la experimentación con animales: ¿Pero es que no vale la pena sacrificar la vida de unos pocos ratones o conejos a fin de encontrar medicinas que salven la vida a millones de personas?

Cualquier forma de explotación conlleva un acto de inmoralidad, sea cual sea el resultado obtenido. De todos modos, el nulo aporte y enorme perjuicio de la experimentación animal con respecto a la salud humana ya ha sido señalada en páginas anteriores. Por otro lado, el intento de minimizar las dimensiones de la barbarie que tiene lugar en laboratorios del mundo entero es engañoso.

Nada más lejos de la realidad.

Se estima que cada año, mueren 500 millones de animales en laboratorios del mundo entero[20]; esto significa que cada segundo mueren más de 15 animales en algún lugar del mundo. A final del día, más de 1,3 millones de individuos habrán perdido la vida y la mayoría de ellos lo hará tras sufrir de un modo apenas concebible para el hombre. Prácticamente no hay especie conocida en la naturaleza con la cual no se haya experimentado, pero pincipalmente se trata de ratas, ratones, conejos, ranas, monos, perros y gatos.

La inmensa mayoría de los experimentos tiene como principal fin satisfacer la curiosidad de científicos de segunda fila, faltos de recursos económicos, que aprovechan la experimentación con animales para recaudar financiación, darse coba y paliar su falta de experiencia científica. Es un método común e ideal para iniciar una carrera científica y publicar los primeros artículos en medios científicos. Además, los experimentos con animales, cuyos resultados son casi siempre fácilmente predecibles, son muy cómodos para las empresas que los fomentan y son utilizados para justificar el uso de ciertos productos o para cubrirse las espaldas en caso de problemas.

Sin embargo, la nula utilidad de estas prácticas está demostrada y según un gran número de investigadores, son un lastre para el progreso científico y tecnológico. ¿Alguien puede señalar algún avance, algún medicamento que salve vidas humanas que haya sido desarrollado gracias a la muerte de pequeños animales inocentes?

He aquí algunos datos estadísticos recogidos por la Iniciativa Ciudadana Europea (ECI) Stop Vivisection[21]:

Alrededor del 60% de los animales son usados para la farmacología, repartiéndose el resto de la siguiente manera: investigación médica (estudio de enfermedades), pruebas sobre cosméticos, investigación de enfermedades psíquicas, investigación militar y enseñanza. Las pruebas de toxicidad están presentes en todas estas categorías y representan alrededor del 75% de todos los experimentos sobre animales. El 60% de estos experimentos se efectúan en laboratorios privados, el 33% en las escuelas de medicina y en las universidades, mientras el resto se hace en organismos públicos.

A los animales se les amputan las cuerdas vocales, son sometidos a envenenamiento, quema, ceguera, hambruna, mutilación, congelación, lobotomía parcial o total, electrochoques e infecciones virales que no sólo afectan a los animales. El 70% de los experimentos se practica sin anestesia y el 30% con simple anestesia parcial.

Los experimentos con animales se realizan al fin y al cabo con nuestro dinero (financiación pública, empresas privadas a las que compramos sus productos, donaciones para investigación) y con nuestro inocente e ingenuo apoyo, al creer que estamos ayudando a salvar vidas humanas, o al menos a que la ciencia avance. Pero nos están tomando el pelo. Veamos algunos ejemplos:

El test Draize de toxicidad aguda. Ideado en 1944, el procedimiento consiste en aplicar medio gramo de la sustancia probada en el ojo o en la piel de un animal sujetado y consciente. Normalmente se realiza con conejos albinos o con perros. Se espera al menos 10 minutos antes de liberar al animal o enjuagarle la zona irritada. Si luego el animal sufre demasiado o está gravemente enfermo, se le practica la eutanasia. Si parece recuperarse, se vuelve a experimentar con él.

El test de dosis letal mediana, conocido como DL50. Se prueba la toxicidad de un producto, generalmente cosmético, hasta descubrir cuál es la dosis que mata al 50% de los individuos que participan en el experimento. Suelen participar al menos 200 animales para que tenga validez, y existen diversas variantes según el método de intoxicación (oral o por contacto con la piel), o el porcentaje "deseado" de muertes para concluir con "éxito" el experimento.

En miles de otros casos, se realizan experimentos del tipo: "¿Qué pasa si...?" Se vierten sustancias tóxicas y ácidas sobre varios tipos de animales para observar su reacción. Se incrusta todo tipo de objetos y órganos dentro de cuerpos de animales para ver qué pasa. Se extirpan los ojos u otros órganos para medir la capacidad de reacción del animal. Se cosen ojos de recién nacidos para estudiar cómo se desarrolla su visión en el ojo no cosido. Se implantan órganos de un animal en otro de otra especie para estudiar la reacción. Se prueba la capacidad de resistencia de animales ante condiciones extremas de frío, calor, ruido ensordecedor o falta de sueño.

En otros casos, se hacen estudios del aprendizaje del canto en aves, el cual varía de especie en especie, mediante separación filial, uso de grabaciones de la misma y otras especies o subespecies y amputación timpánica a distintas edades para así medir cuál es la retención (o "cristalización") del canto en línea temporal continua.

En definitiva, a menudo la experimentación con animales simplemente sirve para eso: para experimentar; sin ningún tipo de consideración por el sufrimiento del individuo. Hacemos cosas que no serían aceptables de hacer con humanos, pero con otros animales se puede porque su vida tiene *menos* valor que la nuestra.

El Prof. H. Harlow, famoso vivisector especializado en primates, declaró en una entrevista a la revista Pittsburgh Press Roto en 1974: "Lo único que me importa es si los monos muestran síntomas que puedo publicar. No siento ningún afecto por ellos. No me gustan los animales para nada. Desdeño a los gatos. Odio a los perros. ¿Cómo le pueden a uno gustar los monos?"

Los experimentos con animales en laboratorio no sólo son una práctica cruel e inútil para la ciencia. De hecho, son uno de los mayores lastres para el progreso y la verdadera expansión del conocimiento.

Las empresas farmacéuticas y cosméticas lo saben pero no tienen interés alguno en debilitar un negocio que mueve más de 300 y 250 mil millones de dólares al año, respectivamente[22]. La experimentación con animales les sale barata, cuenta con grandes ayudas gubernamentales (el gobierno federal de los EEUU dona 16 000 millones de dólares al año[23]) y cuenta con el beneplácito de la mayoría de la población que cree inocentemente que esta práctica es necesaria por el bien de la humanidad.

Pero en el fondo, la práctica de experimentos con animales también es un peligro a largo plazo para los propios humanos. Ya lo demostraron los médicos nazis, con el Dr. Mengele a la cabeza. Cuando de repente, por circunstancias determinadas, existe "mercancía" humana inferior, con la que se puede "jugar", el mismo principio que justifica los experimentos con animales se aplica de nuevo y justifica hacer lo mismo con humanos. Pero no hay que remontarse a los nazis. ¿Cuándo pedirá la ciencia hacer experimentos con humanos cuya utilidad es nula para la sociedad? ¿Los reclusos de cadena perpetua, los incapacitados, los ancianos, los indigentes, todos los olvidados de la sociedad, no serían algún día un excelente recurso para la investigación científica práctica?

No podemos permitir que el principio de la experimentación en seres inocentes e indefensos sea considerado como el motor de la investigación y el progreso científico. No lo es. De hecho, lo retrasa, y además está mal desde cualquier perspectiva ética y moral. Es una farsa que debe llegar a su fin.

Animales para la diversión

Además de ser explotados por sus carnes, sus secreciones y sus pieles, los animales cumplen un importante papel en la pujante industria del entretenimiento y el ocio. Empieza virtualmente en los primeros cuentos que escuchamos de pequeños, en los cuales la mayoría de personajes son animales, aprovechando la innata y genuina fascinación que sentimos hacia el reino animal. Luego, desde los parques zoológicos hasta las corridas de toros, se desarrolla una explotación — cruel e inhumana— que convierte al animal en mero juguete al servicio del hombre.

Los animales no humanos son utilizados en zoológicos, circos, carreras, peleas, acuarios, delfinarios, corridas de toros, carruajes turísticos, deportes ecuestres y otros espectáculos. El principio siempre es el mismo: el animal no es dueño de su propia vida. La finalidad tampoco varía:

divertir, entretener, combatir el aburrimiento del hombre, enriqueciendo de paso al explotador.

Todos estos animales viven en cautividad, privados de necesidades individuales y sociales básicas. En jaulas o en pequeños recintos que simulan el hábitat original del animal, nada puede sustituir el verdadero hogar y las sensaciones de auténtica libertad. Los privamos de una vida normal, del desarrollo de sus instintos naturales, de socialización, de emparejamiento, de familia... Los animales muestran signos de estrés y anormalidad mental que casi siempre nos negamos a ver, cegados por nuestra creencia de que los animales carecen de propia voluntad y deben sentirse afortunados por vivir cerca de nosotros y lejos de sus "duras" —para nosotros— condiciones naturales.

Para aprender a realizar los trucos que tanto entusiasmo levantan entre el público en los circos y otros espectáculos, los animales han sufrido dolor, hambre y humillaciones. El conocido método del palo y la zanahoria es exactamente así. Hasta que no hagas el truco, no comes; y además, si no colaboras, te pego.

De cara al público, y como tiene que ser en la industria del ocio, todo reluce. Los animales presentan un buen aspecto, aseados y aparentemente felices y obedientes. En realidad, están sometidos, dopados, atemorizados y ansiosos. Ellos saben algo que nosotros ya olvidamos: que su lugar no está en esa jaula, en esa carrera o en esa pista de espectáculo. Son simplemente juguetes y, como tales, al acabar la función nos olvidamos de ellos y pasamos a devorar el siguiente producto de ocio para combatir nuestro aburrimiento.

Igual que un niño tira al suelo un juguete y lo rompe cuando ya se ha cansado de él o porque la batería se ha agotado, los animales de los zoológicos, circos, carreras, deportes y otros espectáculos son maltratados, olvidados, abandonados o "sacrificados" cuando ya no son útiles para el fin que les habían destinado.

En febrero del 2014, el zoo de Copenhague asesinó públicamente a Marius, una jirafa macho, porque ya no entraba en sus planes según las directrices europeas para parques zoológicos… Este caso tuvo una gran repercusión mediática. Se reunieron miles de firmas en todo el mundo clamando clemencia para Marius; pero, como los mismos responsables daneses explicaron, ésta es una práctica muy común entre los parques zoológicos.

En el mundo de las carreras ecuestres, por ejemplo, resulta habitual que cuando los caballos pierden su capacidad competitiva sean vendidos al matadero para servir de alimento a otros animales. Cuando el juguete queda obsoleto, se tira y se compra uno nuevo.

Millones de peces sobreviven en acuarios, aprisionados entre paredes de cristal y simulacros plastificados de vegetación marina, iluminados artificialmente, atemorizados sin comprender lo que pasa a su alrededor, sin conocer el placer de nadar en conjunto, condenados a vagar hasta sus últimos días en los centímetros de su jaula acuática sin propósito ni aliciente alguno.

En el caso de las corridas de toros o las peleas de gallos se repite la misma historia, solamente que aquí la explotación y la crueldad del espectáculo no sólo que no se esconden, sino que son precisamente el mayor atractivo del mismo. Esto debería hacernos reflexionar sobre la propia naturaleza de la industria del entretenimiento, que no tiene remordimientos a la hora de explotar animales, al igual que no los tiene para explotar vidas humanas cuando es necesario o rentable económicamente.

De nuevo, se repite el mismo modelo. Una industria, en este caso la del ocio, se aprovecha de la debilidad de los animales para maximizar sus ganancias. Nosotros, acostumbrados y adormecidos, ya apenas nos damos cuenta de lo absurdo e injusto de la situación. Sólo poniéndonos a nosotros mismos en la situación de los animales enjaulados podremos comprender qué es lo que está mal.

No debemos arrebatar lo que no nos pertenece. Cada vida es un mundo. El verdadero examen de nuestra humanidad está en el trato que damos a quienes somos capaces de someter.

¿Con qué derecho?

El motivo recurrente en todos los casos de explotación humana, sea para comida, vestimenta, experimentación científica o diversión es el mismo: la creencia humana de que la vida de los animales nos pertenece y tenemos derecho a supeditarla a nuestras necesidades, curiosidad y placer.

¿De qué otra manera se puede explicar la manipulación genética, la castración, la mutilación, la esclavitud, el asesinato, la violación, el expolio de leche y el robo de lactantes, el encarcelamiento en jaulas, la disección en escuelas, la experimentación con productos cosméticos y detergentes, y muchas más prácticas que desgraciadamente son moneda corriente para millones de animales?

¿Por qué creemos que tenemos derecho a matar o amargar la vida a otro animal sólo para, quizás, mejorar un poco la nuestra? ¿Y cómo podemos ser tan voluntariamente ciegos como para creer que realmente no causamos tanto sufrimiento?

¿Cómo es posible sentir tanta ternura hacia un cachorro de perro o de gato, e ignorar la cruel realidad a la que condenamos a millones de cachorros de otras especies? O aún peor, ¿cómo es posible que crezcamos de niños con cuentos sobre vacas que hacen 'muuu' y pollitos que hacen 'pío', y de mayores no nos preguntemos dónde están ni nos importe lo que pasa con esas vacas y esos pollitos?

La agresión y el asesinato de animales para la comida no se detiene en los propios animales descuartizados para la venta de su carne. Todos somos parte de un mismo y enorme ecosistema, y al manipular o dañar a una especie hay muchos otros animales que sufren las consecuencias.

Esto es especialmente visible en el ámbito marino, donde la interdependencia de las distintas especies es mucho más difícil de controlar para el hombre. Los delfines, por ejemplo, son la víctima colateral principal del consumo de atún. En muchos otros casos, al aniquilar o casi aniquilar poblaciones enteras de peces y crustáceos, estamos condenando a otras especies a la muerte por hambre. Al acabar con una especie alteramos toda la cadena trófica de la cual es parte. Es el caso de las focas o de las ballenas, que han visto en las últimas décadas como su entorno natural se vaciaba de recursos.

¿Y fuera del mar? La verdad es que en tierra firme la hegemonía del hombre es tan aplastante que apenas quedan ecosistemas donde el hombre no haya dejado huella: especies extinguidas, otras confinadas en reservas o en peligro de extinción. El ser humano presenta credenciales muy pobres como guardián de la naturaleza.

En definitiva, causamos a los animales un sufrimiento atroz y los condenamos a una vida de humillante insignificancia. ¿Cómo puede ser de otra forma si los consideramos solamente objetos para satisfacer nuestros caprichos?

En épocas más antiguas, en ciertas regiones, quizás existiera una necesidad por parte del hombre de obtener productos de origen animal, en comparación con las posibilidades que tenemos hoy. Pero incluso cuando el hombre dependía de los animales para su alimentación, su vestimenta o su agricultura, la relación entre los humanos y los demás animales estaba basada en una mayor convivencia, en un mayor respeto.

Hoy, cuando el hombre definitivamente no necesita nada de los demás animales e incluso se autoperjudica al comer su carne o secreciones, nuestra actitud hacia ellos ha cambiado. Nos comportamos con una total falta de respeto, empatía o solidaridad. Nuestra actitud denota indiferencia, soberbia e instinto de autodestrucción.

El sufrimiento que causamos a miles de millones de animales, día tras día, minuto tras minuto, es estremecedor. Es innecesario. Y es injustificable.

Un mundo vegano pondría fin a la explotación milenaria de otras especies y permitiría, por fin, llegar a una relación de armonía entre los seres humanos y los demás animales. Pero, sobre todo, pondría fin al sufrimiento continuo, humillante e injustificable de millones de seres sintientes sobre la faz de la Tierra.

POR EL MEDIO AMBIENTE

«La misma extensión de pasto necesario para ganado
que alimente a diez personas, cultivado con judías,
lentejas y cebada alimentaría a cien personas».
Alexander Von Humboldt, geógrafo (1769-1859)

«Podríamos ver océanos vacíos de peces en el 2048».
Worm et al. (*Science, 2006*)

En 1800, la población mundial estimada apenas arañaba los mil millones. En 1900, ya había 1600 millones. Ahora, somos ya más de 7000 millones de humanos.[24] Para el año 2050, se estima que llegaremos a ser más de 9000 millones.

Mientras en 1920 un europeo comía menos de 50 kilos de carne al año[25], en 2011 la media ya era de 85 kg.[26] Hoy en día, se crían 70 000 millones de animales cada año[27] para consumo humano.

La creciente industria de la carne, el pescado, los huevos y los lácteos es una actividad claramente insostenible. Sólo aporta beneficios a los accionistas de las empresas involucradas directa o indirectamente.

Con tantos seres humanos en el planeta, consumiendo tantas toneladas de productos de origen animal cada día, estamos conduciendo a la humanidad y al planeta al borde del colapso.

Gastamos más agua, más alimentos, más tierra y más energía de la que necesitamos. Estamos ensuciando y contaminando el entorno de una manera que será sumamente difícil de regenerar. Causamos la extinción de decenas de especies animales y vegetales cada día que se habrán perdido para siempre. Estamos destruyendo reservas naturales y kilómetros de selva cada día para satisfacer nuestra creciente demanda de carne, pescado, lácteos y huevos. Y además estamos causando el calentamiento acelerado del planeta. ¿No son razones suficientes para cambiar nuestros hábitos alimenticios?

Uso de agua y tierra

La cantidad de agua malgastada por la industria de los productos de origen animal resulta inconcebible. El agua es el origen y la condición más básica para la existencia de vida, cualquier tipo de vida. Sin ella, nada tiene sentido. Los humanos podemos aguantar unas cinco semanas sin comer, pero sin agua, apenas resistiríamos unos pocos días.

Los expertos auguran que la escasez de agua se convertirá en el principal motivo de guerras en el futuro próximo. Ya actualmente, es uno de los principales motivos de conflicto y tensión en el mundo. Además, la falta de agua es la principal causa de que mueran miles de personas cada año por hambre.

Sin embargo, la industria ganadera gasta casi un tercio del agua fresca disponible en el mundo. Para un litro de leche de vaca, se necesitan 1000 litros de agua. Para 100 gramos de huevos, 400 litros de agua. Para producir un kilo de carne de ternera se gastan 20 890 litros de agua. ¿A alguien le caben estas cifras en la cabeza?

Por cada hamburguesa que se come en el mundo gastamos 3000 litros de agua (2 meses de duchas). O expresado de otra manera, menos exacta pero más reveladora: si un vegano deja todos los grifos de su casa abiertos 24 horas al día, todavía no alcanza a gastar todo el agua que gasta una persona que come carne, huevos y lácteos regularmente.

Visto desde el espacio exterior, nuestro planeta debe parecer una gigantesca granja de animales. El 45% de la tierra firme está destinada a la 'agricultura animal'. Con un tercio de la tierra considerada árida o desértica, este porcentaje es aún más significativo. Por añadidura, la industria de los animales es considerada por la ONU la principal causa de desertificación en el planeta.

La eficacia del uso de la tierra cambia drásticamente si lo usamos para cultivar plantas. Una hectárea de tierra cultivable puede servir para producir 27 600 kilos de comida vegetal, o 280 kilos de carne. Prácticamente 100 veces menos.

Para alimentar a una persona según la dieta típica omnívora occidental se necesita 18 veces más terreno que para una persona vegana. En una situación donde la población mundial crece rápidamente, los países más pobres consumen cada vez más al imitar los hábitos alimenticios occidentales y la tierra cultivable está casi toda ya agotada, esta práctica se antoja insostenible.

Excrementos y polución tóxica

Las granjas de cría masiva de animales para la producción de carne, pescado, lácteos y huevos no solamente constituyen un derroche de recursos naturales sino que tienen el dudoso honor de contribuir monstruosamente a la suciedad, contaminación y polución del medio ambiente.

Aún recuerdo como una vez, visitando unas instalaciones lecheras, un granjero se reía comentando que ellos no producían leche, sino estiércol, y que la leche no era más que un producto accidental, un efecto colateral de su actividad...

Efectivamente, la cantidad de excrementos que producen los animales esclavizados en las granjas es, literalmente, sofocante. Una sola vaca lechera produce 130 veces más excrementos que un ser humano y hay aproximadamente 1500 millones de vacas en el mundo. Y aún no hemos contado los excrementos de los cerdos, las ovejas, las cabras, las gallinas, los pavos, los peces de granja, etc.

Sólo en los EE. UU., cada minuto se producen 3200 toneladas de excremento de origen animal. Aunque tradicionalmente el estiércol era utilizado como fertilizante para la agricultura, hoy las cantidades son tan grandes que la gran mayoría de excrementos animales tienen que ser eliminados.

Pero no hay realmente una manera eficaz de eliminar excrementos salvo el proceso lento y natural del reciclaje. Una gran parte se tira a gigantescas fosas sépticas, la mayoría de ellas al aire libre, por lo cual, poco a poco, estamos infestando la Tierra de "agujeros llenos de mierda". Estos excrementos no son tratados como los excrementos humanos y son hasta 500 veces más tóxicos. Además, están *enriquecidos* con una altísima cantidad de insecticidas, herbicidas y fungicidas. Nadie sabe exactamente qué consecuencias puede tener esto para el medio ambiente ni qué variedades de microbios se pueden desarrollar a largo plazo en esas condiciones. Lo que sí sabemos es que aproximadamente en un 40% de los casos, las fosas sépticas terminan colapsando y contaminando las aguas subterráneas o las aguas fluviales. Esto no incluye los deshechos que son vertidos por productores más irresponsables, directamente a los ríos y posteriormente a los océanos.

Tampoco sabemos bastante a nivel global de cuántos productos químicos se utilizan para la producción de carne, leche, pescado y huevos; desde los fertilizantes y pesticidas que se usan para aumentar la producción de alimentos vegetales para los animales hasta los antibióticos, hormonas, amoníaco y otros desinfectantes necesarios para evitar verdaderas plagas en las instalaciones donde se recluyen a los animales. No se sabe suficiente porque el tema apenas está regulado y la tendencia, de modo nada sorprendente, es aumentar poco a poco las dosis de productos químicos para superar la resistencia natural que van desarrollando los diversos virus, microbios y hongos.

En definitiva, la industria de productos animales contribuye a ensuciar, contaminar e inutilizar una enorme parte de los recursos naturales del planeta. A través de las toneladas de excrementos de animales que desprende cada día y las sustancias químicas que utiliza, no sólo que gasta la mayor parte de tierras y agua disponibles para el uso humano, sino que además las estropea a largo plazo. Estamos avanzando a marchas forzadas hacia la escasez de recursos básicos como la tierra, el agua y el aire limpio.

Deforestación y desertización

Mientras que un gran porcentaje de las tierras y las aguas de nuestro planeta están siendo contaminadas, el problema se agrava aún más con la deforestación y la desertificación a gran escala provocadas por la insaciable industria ganadera.

Entre 4000 y 8000 m2 de selva o bosque tropical son destruidos cada segundo. Cuesta concebir la magnitud y el ritmo de tanta destrucción. Aproximadamente, es como si se arrasara un campo de fútbol cada segundo. En el pasado, las selvas tropicales cubrían el 14% de la superficie terrestre; hoy, sólo un 6% y, según los expertos, en menos de 40 años no quedará nada.

Con esto, a menudo nos da la impresión de que las principales causas de estos problemas son ajenos a la cría de ganado. En los últimos años, las campañas contra el consumo de aceite de palma han logrado concienciar a gran parte de la población mundial sobre la destrucción que causa este producto. Sin embargo, los datos apuntan a otra dirección. Mientras que la industria del aceite de palma ha contribuido a la destrucción de 10,5 millones de hectáreas de selva tropical, la industria animal se ha cargado 55 millones. Es importante, por supuesto, explicar los perjuicios del aceite de palma para el medio ambiente, pero no debemos olvidar la primera causa de la destrucción de uno de los tesoros medioambientales más valiosos que tiene el planeta.

La agricultura animal es la causa del 91% de la destrucción de la selva amazónica, considerada hasta hace poco "el pulmón del mundo". El problema en el

Amazonas es particularmente grave porque con su destrucción perdemos no solamente zonas verdes, especies vegetales y animales prácticamente desconocidas, sino también culturas y tradiciones ancestrales que están siendo arrinconadas, mermadas y destruídas.

Sin embargo los intereses de las grandes corporaciones occidentales en el Amazonas son demasiado grandes. Los negocios de la carne, la leche, los huevos y las pieles aportan millones de dólares a las empresas y a las arcas de los gobiernos locales, por lo cual es mejor hacer la vista gorda ante la devastación de los recursos naturales.

A veces, no se hace la vista gorda porque hay quienes gritan demasiado. Según el *The Guardian* británico, 1000 activistas han perdido su vida en Brasil durante los últimos 20 años luchando contra los intereses económicos que destruyen el Amazonas.[28] Si las sospechas son fundadas, y las fuerzas interesadas en continuar con el saqueo son tan poderosas y tienen tan pocos escrúpulos, la situación es escandalosamente alarmante.

Y mientras las selvas tropicales retroceden kilómetros cada día, en otras zonas del mundo la desertificación se acelera debido a la cría de ganado y otros animales.

El sobrepastoreo y los métodos de agricultura agresiva para alimentar a millones de animales están conjugándose con los factores climáticos. Así, la superficie árida del planeta aumenta cada día: 21 millones de hectáreas se vuelven improductivas para la agricultura cada año.

Argentina, por ejemplo, país conocido mundialmente por su producción de carne, está viendo como el desierto del sur avanza y se hace cada vez más árido. La Patagonia, aproximadamente un tercio del país, sufría signos crecientes de degradación en un 80% de su territorio ya en

1999. El proceso sólo ha empeorado.

A veces, nuestra incomprensión del orden natural y su alteración nos cobran un alto precio. El desarrollo de la ganadería en ciertas zonas, pobladas con especies no autóctonas que auguraban una rentabilidad más alta que la tradicional, puede haber sido un gran error.

Juan Carlos Chebez, delegado técnico de Parques Nacionales en Argentina, declara[29]:

"El animal autóctono es el guanaco, una especie que está capacitada para no alterar el equilibrio ecológico de la región. Su forma de alimentación es particular: no arranca los pastos sino que los corta con sus fuertes dientes, para dejar la raíz en el suelo y permitir que la planta pueda crecer nuevamente. Además es un animal que recorre diariamente largas distancias, lo que impide que ralee siempre la misma zona. A esto se suma que en sus patas posee almohadillas que impiden que al caminar aplaste los pastos".

Pero el ganado ovino parece más rentable a corto plazo, a pesar de los daños que a la larga esto puede causar y sus graves consecuencias en la calidad de vida de los habitantes locales. Según un informe de la Organización de los Estados iberoamericanos, "a las cabras y ovejas se las conoce como 'constructoras de desiertos'. Esto se debe a que sus uñas y dientes arrancan de raíz los pastos que de por sí tienen un lento crecimiento debido a la escasez de precipitaciones (de 100 a 300 milímetros anuales). Los animales no dan la posibilidad de que las pasturas se renueven".

No son sólo las grandes industrias de la alimentación las que contribuyen a la destrucción gradual y masiva del medio ambiente. También lo hacemos cada uno de nosotros con nuestras elecciones, nuestra ignorancia y nuestra falta de respeto por la naturaleza. En nuestro afán, incluso sincero, de proveer un mayor bienestar a nuestra comunidad, a menudo causamos un mayor daño al entorno e hipotecamos la sostenibilidad y el futuro de nuestros hijos.

Extinción de especies animales y vegetales

La lógica de la muerte y la destrucción se impone más allá de lo que podríamos imaginar en un principio. Nuestra ansia de comer cada vez más carne, pescado, lácteos y huevos nos obliga a encontrar más tierras donde confinar a los animales y cultivar granos para ellos. Por este motivo, cada día se destruyen cerca de 50 000 hectáreas de selva tropical. De esta manera, no sólo se prepara el terreno para el asesinato de millones de animales en las granjas industriales y no sólo se agrava un problema, el ecológico, que es de vida y muerte para todos los seres vivos, sino que destruimos directamente, de forma inmediata, toda la vida animal y vegetal que había en ese lugar.

Se estima que 163 especies distintas de animales, insectos y vegetales desaparecen de la faz de la tierra cada 24 horas. Hay animales que ya nunca conoceremos, insectos cuya diminuta labor ya nadie realizará, vegetales con propiedades curativas que ya nadie descubrirá y disfrutará. El equilibrio ecológico mundial está en peligro. La biodiversidad del planeta está siendo dañada, y la cría de animales para la industria ganadera es la mayor responsable de esta catástrofe.

Mientras en tierra firme la situación se agrava por segundos, si nos sumergimos en los océanos —que cubren el 71% de la superficie del planeta— el panorama es desolador. La pesca industrial ha agotado tres cuartas partes de las reservas de peces en todos los océanos del mundo. Por cada kilo de pescado atrapado en las redes, se atrapan "sin querer" 5 kilos de especies marinas diversas que no sirven para consumo humano. Son cetáceos, peces de distintos tamaños, moluscos y corales que suelen ser descartados en barcos repletos de mercancía en alta mar y lanzados de nuevo al agua, generalmente sin vida o heridos de gravedad.

Miles de especies marinas han desaparecido. Cientos están en peligro de extinción. Las especies que sobreviven y que son objetivo de la pesca no tienen bastante tiempo ni densidad poblacional como para reponerse a la pesca y acercarse a su tamaño original. La capacidad de regeneración de la vida marina está al borde del colapso.

La pesca industrial y la maricultura (granjas de peces enjaulados en mar abierto), unidas a la contaminación química y de excrementos animales que se vierte constantemente al mar, están destruyendo los ecosistemas marinos. Teniendo en cuenta que los océanos son la mayor parte del planeta y que toda forma de vida proviene de ellos, estamos simplemente poniendo en jaque al origen mismo de la vida en la Tierra.

Nos hemos aprovechado de la infinita generosidad de los océanos, sin respeto ni consideración, para finalmente descubrir que esa generosidad tiene un límite.

Escupimos al pozo del cual bebemos. Ensuciamos el hogar que habitamos. Aniquilamos a los otros descendientes de nuestros antepasados biológicos.

Al cambiar nuestra actitud hacia los demás animales y regirnos por la ética del veganismo, cambia nuestra visión y nuestro comportamiento hacia toda la naturaleza. En nuestra conciencia, nos hacemos más atentos a nuestro entorno, nos volvemos más cuidadosos con nuestro hábitat. Al ser veganos, nos hacemos más sensibles a la vida.

En este contexto de ecología y sostenibilidad, la consecuencia práctica de seguir la ética vegana consiste en minimizar el daño y el impacto nocivo en el medio ambiente. Abstenerse de productos de origen animal es la mayor acción ecologista posible.

Ser vegano es —entre otras cosas— una declaración de paz y amor al planeta. Significa darle una oportunidad para regenerarse.

Regenerarse es la palabra clave. Lo hace el hombre, física y mentalmente; lo hace la sociedad, cultural y económicamente; y lo hace la Tierra. El veganismo implica un cambio tan profundo y necesario que afecta a todos los niveles y entes de la vida.

POR EL PLANETA

«El calentamiento global ha emergido como el problema medioambiental más serio del siglo XXI... Sólo tomando acciones ahora podremos no poner en riesgo a las generaciones futuras».

49 científicos ganadores de premios Nobel al presidente de los EE.UU

«Lel sector ganadero genera más gases de efecto invernadero que el sector del transporte».

Informe de la FAO, 2006

«Reduciendo el metano, veríamos resultados casi inmediatos».

Comunicado de prensa, Cumbre Climática 2014

Parecería que hemos alcanzado el colmo de la estupidez humana, sino fuera porque además de toda esa destrucción, contaminación y extinción que causamos —a fin de saciar nuestras condicionadas ansias de productos de origen animal— estamos calentando el planeta al modificar lentamente las condiciones climáticas que permiten que la vida florezca en este rincón del universo.

En 2006, la Organización de las Naciones Unidas para la Alimentación y la Agricultura (FAO) publicó un informe oficial titulado "La larga sombra del ganado"[30]. En este informe, se calculaba que la industria de los productos de origen animal es responsable de la emisión del 18% de los gases con efecto invernadero en el mundo. En comparación, las emisiones causadas por la combustión de gasolina y derivados en todos los medios de transporte —carretera, ferrocarriles, aire y mar— suman solamente un 13% del total de gases invernaderos.

O sea que en vez de desarrollar coches eléctricos o ir al trabajo en bicicleta, resulta que lo más ecológico es un estilo de vida acorde con el veganismo.

En 2013, la misma FAO redujo sus estimaciones a un 14,5%, manteniendo la explotación animal como la primera contribuyente al calentamiento del planeta. Por otro lado, son constantes las acusaciones a esta organización con respecto a estas nuevas estimaciones, por obviar varias fuentes de emisión de gases invernadero y por asignar indebidamente otras a categorías ajenas a la industria pecuaria. Además, algunos responsables de la comisión que redactó este informe tienen altos cargos dentro de la poderosa industria de los productos de origen animal y parece poco creíble que hayan logrado mantener la independencia científica de sus conclusiones.

Aun así, con todas estas sospechas sobre la mesa, la

misma FAO, organización de la ONU responsable de aglutinar a toda la industria animal del mundo, admite que la cría de ganado para consumo humano es la mayor causa de emisiones de gases invernadero, y por ende, del cambio climático.

En todo caso, hay que reconocer que calcular estos datos no es una tarea simple, y hay divergencias más o menos legítimas en cuanto a los métodos y los parámetros de cálculo. Hay quienes calculan[31] que sólo un 3% de las emisiones de gases invernadero provienen de los animales (porcentaje de todos los gases emitidos únicamente en los EE. UU.) y hay quienes concluyen[32] que el porcentaje a nivel mundial supera el 51%.

Ante la duda y el escepticismo, lógicos cuando los expertos discuten y airean datos totalmente opuestos, fijémonos en el informe presentado por Goodland y Anhang a la organización Worldwatch en el 2009. Ambos han trabajado durante muchos años para el Grupo de Banca Mundial de la ONU y no tienen relación o interés alguno en las industrias pertinentes.

En este informe se toman en cuenta todos los factores derivados de la cría de animales para la industria: desde las flatulencias y los eructos hasta la respiración y las emanaciones de sus excrementos; desde la influencia de la deforestación causada por la industria hasta las emisiones de gas del transporte internacional y local de animales y de mercancías animales. Según sus cálculos, la aportación de la industria animal supera el 51% de los gases invernadero. La estimación, como debe ser, se hace a nivel mundial, y no como porcentaje de un país determinado.

Comer carne, pescado, lácteos y huevos causa más de la mitad del calentamiento global. Desde luego, es la principal causa. Y, sin duda, abstenerse de estos productos no sólo es la manera más eficaz, sino la única realista para lograr un verdadero impacto en el medio ambiente y reducir eficazmente el calentamiento global.

Éste es un tema de capital importancia. No podemos tomarnos el cambio climático en broma. Aunque existen distintas predicciones, no hay duda de que se avecina un cambio radical en el mundo y en la forma de vivir que conocemos. Todas las especies del planeta se verán afectadas, casi todas negativamente. Algunas especies florecerán en las nuevas condiciones que se formarán; pero no nosotros. Los humanos lo tendremos mucho más difícil. Si la sobrepoblación mundial estimada para las próximas décadas y los problemas con los que ya nos enfrentamos no son bastante, a la vuelta de la esquina nos espera el mayor desafío que la humanidad haya conocido jamás.

Polución asfixiante, escasez de recursos, deterioro de nuestro entorno, calentamiento del planeta… ¿Y todo esto para comernos una hamburguesa o agregarle leche de vaca a nuestro café?

Los problemas ecológicos a los que nos enfrentamos son gigantescos y desesperantes, mas la solución es simple e inmediata. Sólo debemos quitarnos la venda de los ojos y detener la demanda de productos de origen animal.

SEGUNDA PARTE:

MÁS QUE UNA DIETA

MÁS QUE UNA DIETA

«El verdadero examen moral de la humanidad consiste en su relación con los que están a su merced: los animales. Y es aquí que se ha producido la mayor debacle del hombre, una debacle tan fundamental que todas las demás provienen de ahí».

Milan Kundera

La primera asociación que tiene la mayoría de la gente al oír la palabra 'vegano' es dieta: la dieta vegana. Basta ver las búsquedas relacionadas en la red. Hay que remover mucho más profundo para encontrar términos como el especismo o liberación animal, por ejemplo, o sostenibilidad y ecologismo. "Vegano es aquel que no come ni carne ni pescado ni lácteos ni huevos", sería probablemente la definición más popular. Así, la sociedad suele considerar el veganismo como un conjunto de hábitos gastronómicos raros; a lo sumo, un estilo de vida sano.

Realmente, suele ser el primer contexto en el que

anunciamos nuestro veganismo. "Gracias, pero no como queso". La curiosidad, obviamente, se dispara. "¿Y eso? ¿Eres alérgico?" Luego, la cosa se complica: "¿Y miel tampoco? Pero si es supersano…"

La cosa no para ahí, por supuesto. Los veganos procuran no consumir ningún producto de la explotación animal. Pieles, lanas y sedas quedan fuera del cesto de la compra. Los parques zoológicos y los circos con animales no son una opción de entretenimiento. Los productos de cosmética e higiene cuyas compañías experimentan con animales también son boicoteados.

Y es que el criterio vegano es increíblemente simple: si un producto comporta cualquier tipo de explotación animal, no se consume. El código de conducta vegano es claro. Aunque desde fuera parezca que los veganos sólo siguen una dieta determinada, en el fondo actúan según unos principios muy sólidos, claros y convincentes.

Nos oponemos al especismo. Creemos que no tenemos derecho a manipular los cuerpos y las vidas de los demás, sean de la especie que sean. Todos los animales tenemos derecho a vivir en libertad y nos oponemos a tratar a los animales no humanos como mercancía. No somos objetos de propiedad, somos seres vivos con sentimientos y conciencia.

Creemos que el papel del hombre puede y debe transformarse de un tirano que explota la naturaleza, la destruye y mata para satisfacer su gusto y su comodidad, a un ser responsable y capaz que convive, respeta y protege, si es necesario, a los demás.

En efecto, la expresión más común y frecuente de una vida vegana se encuentra en la comida. Pero está claro ya que la dieta vegana no es el quid de la cuestión, sino su manifestación más visible. El veganismo es una manera diferente de entender el ser humano y su entorno, y la elección de qué comer no es más que la lógica consecuencia de esta idea.

Más que una filosofía

Ser vegano significa compartir una visión del mundo y de nuestro papel en él. Y, afortunadamente, esta visión debe ser aplicada por cada uno de nosotros, como mínimo tres veces al día, a la hora de comer. Digo 'afortunadamente' porque creo que éste es el verdadero secreto del inmenso potencial del veganismo.

Y es que lo realmente maravilloso, y a menudo infravalorado, es el impacto que tiene una filosofía de vida cuya principal manifestación práctica es la comida. El reafirmar los principios éticos del veganismo al menos tres veces al día, a menudo en ambientes sociales o familiares no veganos, requiere un compromiso personal tremendo. Significa una confirmación constante de nuestra convicción; una verdadera reafirmación diaria. Este es uno de los mayores motivos por los cuales se atribuye a los veganos rasgos sectarios. También es una de las razones principales por las que los veganos desarrollan una identidad de "tribu" tan fuerte y una actitud tan militante.

Pensémoslo por un momento. Qué convicción, qué fuerza de voluntad tan grande se necesita para mantenerse fiel a unas pautas de alimentación frecuentemente difíciles de seguir y conseguir (en la calle, en lugares de trabajo, en viajes por según qué lugares, en encuentros sociales...). Qué curiosidad intelectual y alto nivel de aprendizaje hay que tener para responder a las preguntas, a veces curiosas o asombradas, otras malintencionadas y retóricas, de la gente. Qué fortaleza emocional se requiere para resistir los comentarios jocosos, a veces agresivos, o las caras de incomodidad que todo vegano conoce.

Finalmente, salvo un pequeño porcentaje que quizás sucumba a la presión y a la tentación, el resultado es una fortaleza ideológica poco común en el siglo XXI. El hecho de repetir cada día la práctica del veganismo a través de la comida lo fortalece hasta límites insospechados. El resultado no es un vegano, sino un 'supervegano', o si prefieres, un 'veganista' (vegano + activista).

Esto es uno de los factores que convierte al veganismo en un movimiento con un potencial humano inmenso cuya magnitud aún apenas podemos percibir.

El otro gran factor es la realidad. Lo que ocurre en el mundo es tan exagerado que no sorprende que cada día haya más gente que abra los ojos. La codicia del capitalismo y los avances tecnológicos fruto de la revolución industrial han llevado a la explotación animal a niveles insoportables de crueldad y desprecio hacia la vida. La injusticia clama al cielo y los gritos de dolor de billones de animales empiezan por fin a ser oídos por el ser humano. Ya no hay vuelta atrás.

Es el momento de comprender que no hay ninguna forma de esclavitud y sometimiento aceptable. Es el momento de avanzar hacia un nuevo futuro.

Una revolución

El veganismo es, en su esencia, una actitud hacia el otro, hacia el no humano. De esta forma nos redefinimos a nosotros mismos.

Esta visión del "otro", que se extiende incluso a

aquellos que siempre han sido olvidados y obviados por la sociedad humana, constituye el desafío más grande jamás planteado en la historia de nuestra civilización. Es un desafío primeramente intelectual: reconocer que los animales no nos pertenecen, sino que son seres independientes con voluntad propia. Luego, es un desafío psicológico, puesto que la premisa anterior se puede aceptar en teoría, pero cuesta mucho más asimilarla y reconocer lo injusta, cruel y humillante que es nuestra relación con los animales. Por último, hay que aplicar esta nueva conciencia a la realidad cotidiana y llegar hasta sus últimas consecuencias.

Este desafío implica un cambio tan profundo en la manera de pensar y de actuar de la especie humana que la manoseada palabra "revolución" casi se queda corta. Pero, realmente, es la única que le hace justicia. La transición a la era vegana no es menos que una revolución. Es un giro dramático en el rumbo de la humanidad, un giro necesario para evitar la catástrofe y corregir la injusticia, un giro hacia un futuro de esperanza para todos.

Así pues, aunque parezca otra dieta más para una vida equilibrada y saludable, comprendemos que el veganismo es una visión del mundo y de la humanidad. Es la conciencia de saber que nuestra especie está haciendo las cosas mal y que debemos cambiar, por obligación moral y por instinto de supervivencia. Es una ideología que promueve un cambio radical en el orden establecido en nuestro planeta. Y el cambio empieza debajo de nuestras mismas narices: por nuestro plato.

Empieza, pero es sólo el principio. Lejos de detenerse en nuestras comidas o en nuestra cesta de la compra, el veganismo se opone al uso de animales para las industrias del entretenimiento y aboga por la abolición de los experimentos en animales, un cambio en nuestro trato con los animales domesticados y salvajes, y en general, una transformación en nuestra relación con la naturaleza.

La aplicación diaria del veganismo, en un entorno normalmente hostil, hace del vegano un activista. La transformación empieza en el interior de nuestros cuerpos, pero rápidamente se extiende a las otras esferas de nuestras vidas. Los principios de empatía, justicia y responsabilidad que fundamentan la visión vegana del mundo empiezan a tomar forma en las vidas de quienes se abstienen de consumir productos animales. Su motivación ideológica se multiplica. Su implicación crece, con fervor y convicción.

El veganismo pasa de ser una visión revolucionaria de nuestra relación con el mundo a ser un verdadero movimiento de transformación. Transformación del hombre a nivel individual, de la sociedad, de la humanidad y del planeta. Con millones de activistas veganos en el mundo, por fin se puede soñar con una transformación profunda de los principios que rigen las civilizaciones predominantes. Una transformación que nos haga pasar de una sociedad basada en la discriminación de los más débiles a una era de igualdad y respeto, de humildad y justicia.

Increíble y maravillosamente esta metamorfosis empieza en nuestras comidas; pero aspira a la liberación de las otras especies de la tiranía humana y a nuestra propia liberación de nuestros hábitos de violencia y autodestrucción.

Ya no se trata de una dieta, ni de una filosofía, ni de una secta. Es un movimiento revolucionario en toda regla, y llega justo a tiempo.

TERCERA PARTE:

LA REVOLUCIÓN INEVITABLE

TRAS LA SENDA DEL TABACO

«La carne es el nuevo tabaco».

**PCRM, Comité de Médicos por una Medicina
Responsable (EEUU)**

«Igual de claro que reconocemos hoy los peligros del
tabaco —a diferencia de antaño—, dentro de poco ya
no se podrán ocultar los daños que causan las
industrias de la alimentación. La sanidad pública
ofrecerá talleres para superar la adicción
a la carne y los lácteos; el veganismo será
la norma entre la gente sana».

Dr. Michael Weinfass

«Que tu medicina sea tu alimento;
y tu alimento, tu medicina».

Hipócrates

La ciencia confundida

En general, conviene ser cauto a la hora de valorar "la última investigación de varios científicos de…". Como suele recordarme un viejo amigo, primero decían que el café era malo, luego dijeron que tenía propiedades curativas, y después apareció un nuevo estudio que demostraba la nocividad del café nuevamente. Según sus cálculos, dentro de 11 horas, se publicará un nuevo descubrimiento científico sobre el tema y la confusión general al respecto sólo habrá aumentado.

Más allá del café y de las opiniones de uno u otro, es un hecho que cada vez estamos más confundidos ante tanta información aparentemente contradictoria. Según un estudio de la Cornell University[33], el 84% de la gente se siente confundida frecuentemente o ha desistido del todo de intentar comprender qué hábitos alimenticios son sanos y cuáles no.

Por un lado, la propia naturaleza del espíritu científico consiste en cuestionar y analizar críticamente cualquier fenómeno. La investigación científica lleva en su ADN la duda, la controversia y el debate. Lo extraño sería no contar con una gama de hipótesis o interpretaciones.

Por otro lado, la abundancia de conclusiones aparentemente opuestas es una herramienta ideal para relativizar y difuminar la realidad. Todo hecho real puede tener su antítesis y a menudo se utiliza el exceso de información para ocultar la realidad. No en vano, el sector privado patrocina un número cada vez mayor de investigaciones científicas.

En teoría, el objetivo es comprobar o demostrar ciertas características de algún producto o acción; no obstante, demasiadas veces, basta con neutralizar otro estudio para preservar la imagen que la industria pretende vender.

Durante la segunda mitad del siglo XX, la manipulación de la ciencia a manos de intereses comerciales subió un peldaño. Se acentuaba un peligroso proceso de uso y abuso de la investigación científica por parte de grandes corporaciones privadas. Principalmente, como señala Allan Brandt en su libro *The Cigarette Century*, fue la industria del tabaco la que elevó a niveles maquiavélicos la manipulación de expertos y científicos y la financiación encubierta de investigaciones.

Irónicamente, hubo un tiempo en el cual los anuncios de cigarrillos se basaban principalmente en imágenes de doctores con sus batas blancas y afirmaciones sobre los beneficios para la salud. Se vendía el tabaco como la solución para problemas de garganta, para combatir la obesidad o para resolver trastornos del estómago. Un anuncio incluso afirmaba que determinada marca era la recomendada por la mayoría de dentistas...

Parece cómico, pero mucha gente perdió su salud y su vida por un producto que creían que era sano porque los propios médicos lo promocionaban, no sólo en los pósteres sino también en las consultas. Era el resultado de la creencia, inocente y desinformada, de que el tabaco tenía ciertos beneficios para la salud. Era, quizás, un trágico ejemplo de "ceguera voluntaria".

Cuando se empezó a sospechar que fumar acarreaba graves consecuencias para la salud, la industria tabacalera volvió a acudir a la estadística. Como triste y esperpéntica anécdota queda que durante los años 50, cuando el aumento de casos de cáncer de pulmón empezó a ser patente e imposible de ignorar, la industria tabacalera alquilara los servicios de un famoso y experto estadístico de entonces, Joseph Berkson, quien ante los numerosos estudios que señalaban la relación entre tabaco y cáncer de pulmón, argumentó que el aumento de casos de cáncer coincidía con el aumento del consumo de medias de seda en los EE. UU. El gráfico mostraba la correlación con claridad...

La cuestión es que debemos desconfiar y ser críticos con cualquier estudio o dato estadístico que se publique. Al mismo tiempo, no podemos dejar que la existencia de pruebas opuestas paralice nuestra capacidad de valorar una situación y decidir.

La ciencia puede dar muchas vueltas (¿cuántos científicos se mofaron del joven Einstein?), y si no las da, el dinero se las puede dar.

Aun así, al final, somos afortunadamente capaces de llegar a conclusiones científicas acertadas y aceptadas por la mayoría. Fue el caso cuando se superó el dogmatismo de la época y se aceptó que la Tierra era redonda. Fue el caso del tabaco y, recientemente, a pesar de las dificultades científicas y la presión de las grandes multinacionales, ha sido el caso también del calentamiento global.

La estrategia promovida por intereses privados, de confundir al público a través del exceso de información y la publicación de conclusiones opuestas, también tiene sus límites.

Evolución de la percepción del tabaco

Si nos fijamos con más detenimiento en el ejemplo del tabaco, podremos observar una evolución muy interesante: desde una percepción casi romántica del acto de fumar hasta el actual desdén. Este rechazo, muy generalizado en los países anglosajones, está acentuándose y extendiéndose lentamente a Europa y a otras zonas del mundo occidental.

El hábito de fumar es muy antiguo y tiene fuertes raíces en las civilizaciones precolombinas. En ellas, el tabaco era una planta medicinal que se podía usar de distintas maneras, una de las cuales era fumar. Tras la llegada de los europeos a América, el tabaco empezó a propagarse por todo el mundo. Entre los esclavos africanos que iban llegando al continente americano, el tabaco se asoció rápidamente a rituales religiosos. En Europa, su consumo era una práctica aún marginal que despertaba interés en casi todos los ámbitos sociales.

Con la revolución industrial en Europa, el tabaco liado para fumar se convirtió en un producto accesible a todos y empezó a aumentar su popularidad hasta convertirse a mediados del siglo XX en un producto de masas.

Las guerras desempeñaron un papel determinante en este proceso. Se ha comprobado que, tanto en Europa como en los Estados Unidos, las tasas de fumadores aumentaron drásticamente después de que los soldados volvieran del frente adictos al tabaco y divulgaran en sus entornos aún más este hábito. En la Primera Guerra Mundial por ejemplo, gracias a los generosos regalos de las compañías tabacaleras, los generales en ambos bandos declararon los cigarrillos parte integral de las raciones a las que tenían derecho los soldados.

Así en el siglo XX, fumar se convirtió en un fenómeno de masas. Era un hábito social y popular. La publicidad masiva que enfatizaba las cualidades terapéuticas del tabaco y se apoyaba en la figura del médico de familia, hacía su efecto. También se percibía como algo moderno, atractivo y sugestivo, algo que debemos a la industria cinematográfica. Durante cierta época era raro no ver al galán de turno con un cigarrillo en la boca.

El tabaquismo, en su versión moderna, se convirtió en un elemento fijo en el paisaje mundial. Desde Alaska hasta Tierra de Fuego, desde Nueva York hasta Tokio, la cajetilla de cigarrillos era un producto accesible y omnipresente. Fumar era visto como algo normal y natural.

Se trataba, al fin y al cabo, de una práctica ancestral que había sido modernizada y divulgada masivamente.

Pero a partir de los años 50, los casos de cáncer de pulmón empezaron a multiplicarse y cada vez se publicaban nuevas investigaciones médicas que señalaban al tabaco como causa principal de la enfermedad. También hubo las primeras demandas privadas (infructuosas) contra las tabacaleras.

La industria del tabaco no se quedó quieta y reaccionó. Financió investigaciones médicas nuevas, algunas para su propia información y otras para servir como argumento opuesto a las voces que empezaban a alzarse contra ella. Reclutó a prestigiosos médicos y expertos científicos, a personajes famosos y a los mejores abogados y especialistas en *marketing*, para esta particular guerra por mantener la imagen natural y no nociva del tabaco.

Durante años, esta estrategia logró detener la tendencia y confundir a la opinión pública. Sin embargo, durante las décadas siguientes, las crecientes y clamorosas evidencias empezaron a corroer la indiferencia y la confusión del público.

En los años 80, hubo otra gran ola de demandas contra las empresas tabacaleras. En su gran mayoría tampoco tuvieron éxito, pero unos años después las demandas se multiplicaron y culminaron en el caso Engel[34], el primer gran juicio ganado contra las tabacaleras (1994-2000) y que les obligó a pagar una indemnización de 145 000 millones de dólares.

Con el paso de los años, las evidencias científicas y las incesantes muertes por cáncer de pulmón hicieron que el cigarrillo acabase reconocido como el silencioso asesino que es. A partir de los años 80, ya es *vox populi* —lejos de las polémicas de mediados de siglo— que fumar mata.

Si al principio, la lucha por la concienciación de la sociedad era patrimonio de unas pocas personas, activistas, familiares de víctimas u organizaciones idealistas, llega el momento en que el propio estado entiende que es su interés —y no sólo su deber— disminuir la amenaza del tabaquismo.

Los gobiernos entendieron que la popularidad del cigarrillo era una bomba de relojería para la salud pública. Los daños causados por el tabaco van más allá del cáncer de pulmón: problemas respiratorios diversos, tumores en otras partes del cuerpo, una vida más sedentaria y menos activa fruto del hábito de fumar, problemas en la piel, el daño a los fumadores pasivos… Los gastos sanitarios que empezaban a multiplicarse terminaron de convencer a los gobiernos de invertir ellos mismos en campañas de concienciación pública sobre los perjuicios del tabaquismo.

Las campañas no bastaron y, finalmente, se pasó a la legislación. Advertencias en los mismos paquetes de tabaco, prohibición de publicidad, prohibición de fumar en lugares públicos… Así, país tras país, casi todo el mundo occidental ha acabado adoptando leyes y normas sociales contra el tabaquismo. El número de fumadores sigue reduciéndose y éstos quedan cada vez más arrinconados.

Hoy en día, es raro ver a un héroe en una película

americana fumando un cigarrillo. Cuando se ve a un personaje fumar, a menudo se corresponde con la realidad social estadounidense en la cual existe una correlación inversa entre tabaquismo y nivel socioeconómico y cultural. La nueva imagen que Hollywood se encarga de transmitir es que fumar es de perdedores. La imagen del cigarrillo ha dado un vuelco total.

Evolución de la percepción de la carne

En general, ya nadie discute que fumar daña la salud. El principal cambio radica en que el fumador de hoy es consciente del daño que se está causando y simplemente se resigna, por el motivo que sea, a sufrir ese daño.

Pero no siempre fue así. Como vimos, al principio poderosas fuerzas intentaron en vano confundir al público y distorsionar los hechos. Esto ha ocurrido también en varios otros campos, donde fuertes intereses —económicos, políticos, religiosos o psicológicos— han chocado con los hechos y con la verdad. Fue el caso de la teoría de que la Tierra era redonda y no plana; de Copérnico y sus pruebas de que nuestro planeta giraba alrededor del Sol; de Darwin y su teoría de la evolución; o más recientemente, de la teoría del calentamiento global.

En todos éstos, y muchos más casos, la propaganda reaccionaria a un nuevo paradigma que viene a traer luz sobre una faceta de nuestra existencia ha sido siempre feroz, poderosa, violenta… e inútil.

Al final, la verdad siempre sale a la luz. Puede tardar millones de años, pero acaba saliendo a la luz.

Ghandi expresó perfectamente el proceso por el que las ideas cambian el mundo: "Primero te ignoran, luego se ríen de ti, después luchan contra ti, luego ganas".

Es exactamente este mismo proceso lo que está pasando en el terreno de la nutrición y la salud con respecto a los productos de origen animal.

Primero, la dieta vegetariana estricta era algo tan esotérico y estrambótico que prácticamente pasaba desapercibida, luego empezaron a burlarse y a verlo con desprecio; últimamente asistimos cada vez más a la proliferación de debates y discusiones en los cuales se intenta rebatir con argumentos racionales la práctica vegana; pronto llegará el día en el que conocer los peligros de la dieta omnívora sea parte de lo que se llama "cultura general". Como que fumar mata y la Tierra es redonda y gira alrededor del Sol.

Al principio fueron unos pocos *locos* quienes argumentaban que comer carne era perjudicial para la salud. Más tarde empezaron a aparecer los primeros profesionales del campo de la medicina que traían los primeros datos e indicios sobre la cuestión. Se sumaron los primeros seguidores y se formó una pequeña masa, un pequeño movimiento de gente convencida de que comer los cuerpos y las secreciones de otros animales daña nuestro cuerpo más de lo que lo beneficia.

Durante las últimas décadas del siglo XX, con el aumento de la popularidad de la nutrición en el mundo occidental, se fueron sucediendo estudios y pruebas sobre la nocividad de los productos de origen animal. Algunos llegaban a oídos de la gente; otros, la mayoría, quedaban enterrados, bien saturados entre montañas de información o bien ocultados premeditadamente. Pero, poco a poco, el número de personas que desconfiaba de las carnes, los lácteos y los huevos fue creciendo.

Con la explosión informativa que trajo la llegada de Internet, más y más personas aprendieron cosas que hasta hace unos años ni siquiera se enseñaba en las escuelas de medicina. De hecho, antes, el control de la información por parte de los interesados en manipularla era simple. Bastaba con bloquear el acceso de los profesionales de la medicina a ciertos datos e ideas para que la población general, los pacientes, aceptaran la información masticada que recibían. Hoy, a menudo, encontramos a profesionales, en todas las áreas, que van a remolque del público general.

El número de vegetarianos y veganos ha crecido enormemente desde finales del siglo XX, pero quizás el cambio más importante esté en la percepción que tiene la mayoría de la población.

La gente empieza a comprender que el exceso de carne es malo para la salud. Iniciativas como 'Meatless Mondays' ("Lunes sin carne"), o 'Vegan until 6' ("Vegano hasta las 6") son sólo unos ejemplos de cómo el público empieza a percibir los perjuicios de comer carne y otros productos de origen animal.

A menudo se oye a gente que dice "Ah, yo no como mucha carne…" o "Sólo comemos un poquito de queso de cabra…". Lo que están diciendo es que comprenden que esa comida no es buena para su salud y están intentando restringirla. Recuerdan a los fumadores que dicen: "Yo sólo fumo medio paquete al día…".

Comienza a ser un hecho irrefutable para cada vez más gente que comer productos de origen animal daña nuestra salud. Colesterol, osteoporosis, tumores, enfermedades cardíacas, tensión alta… Ya no son únicamente los animales: también los humanos pierden sus vidas a causa de la industria ganadera. Otros no mueren, pero su salud se ve mermada. Y cada uno de nosotros podría ser el próximo.

La aceptación de la nocividad de los productos de origen animal y la creciente conciencia de la necesidad de reducir su consumo aún están lejos del ideal vegano. Es sólo un principio, y aún queda muchísimo por hacer; pero la primera brecha en el muro, la más difícil de abrir, ya se ha abierto.

Las dietas vegetarianas hasta Bill Clinton

En la antigüedad, ya había personas que se abstenían de comer carne. El más famoso fue Pitágoras. El genial filósofo y matemático heleno era un apasionado defensor de la dieta vegetariana: "Aquellos que matan animales para comer su carne tienden a masacrarse a sí mismos".

Le siguieron muchos personajes, de los cuales los más famosos son, sin duda, genios de primerísima fila: Platón, Leonardo da Vinci, Voltaire, Isaac Newton, Leo Tolstoi, Mark Twain, Thomas Edison, Nikola Tesla, Ghandi, Albert Einstein, Isaac Bashevis Singer, John Lennon...

Fuera de la civilización occidental encontramos casos de gran afinidad con el vegetarianismo. En India, por ejemplo, donde la casta más importante espiritualmente —los Brahmanes— tiene prohibido comer carne y pescado, cerca de un tercio de la población es vegetariana. El jainismo, una de las religiones más antiguas del mundo, concentrada principalmente en India, prohíbe la violencia hacia los animales. También en el budismo hay corrientes que se acercan a prácticas vegetarianas y veganas.

En la era moderna, los primeros registros de una dieta basada exclusivamente en alimentos de origen vegetal citan al Dr. William Lambe en 1806 y a su paciente John Frank Newton en 1811, como los primeros veganos modernos conocidos. Durante todo el siglo XIX, época de gran inquietud social en Occidente, se multiplicaron las iniciativas de carácter vegetariano, más o menos estricto (aunque la mayoría se abstenían de todo tipo de producto de origen animal, había algunas excepciones): granjas, cooperativas agrícolas, pequeñas comunidades construidas alrededor de una escuela, encuentros sociales, etc.

Fue en 1944 cuando se acuñó el término vegano. Tras varios debates en el seno de la Sociedad Vegetariana sobre la conveniencia o no de consumir productos lácteos, y ante la negativa del periódico de la asociación a dedicar una sección especial de la revista al vegetarianismo no lácteo, Donald Wattson sugirió crear su propia revista y obtuvo el inmediato apoyo de 30 miembros.

Así, en noviembre de 1944 apareció la primera edición de la nueva revista, titulada *Noticias Veganas*. El mismo Wattson explicó que la elección del término vegano se formaba con las primeras y últimas letras de la palabra "vegetariano" porque representa "el principio y el fin del vegetarianismo".

A lo largo de la segunda mitad del siglo XX, aunque su alcance todavía era muy limitado, el veganismo se consolidó como movimiento y como alternativa a la nutrición preponderante.

En las últimas décadas, sin embargo, los estudios e investigaciones que señalan el cambio de paradigma en el ámbito de la nutrición se están multiplicando y son cada vez más difíciles de ignorar.

Es imposible no citar aquí el mayor estudio sobre nutrición realizado en la historia humana y el que abrió la puerta al cambio de actitud por parte de la comunidad científica: *The China Study*. Fue realizado por el Dr. T. Colin Campbell y otros científicos de la Cornell University, de la Universidad de Oxford y de la Academia China de Medicina Preventiva analizando datos recogidos durante 20 años en 65 condados de China.

Las conclusiones del *China Study* sacudieron a la comunidad científica. El estudio, el primero de tal magnitud, aportó pruebas irrefutables sobre la conexión entre el consumo de proteína animal y un sinfín de enfermedades y problemas de salud. La conclusión principal de toda la investigación fue la recomendación clara y cristalina de mantener una dieta basada exclusivamente en vegetales, una dieta vegana, incluyendo además harinas y cereales integrales.

Desde entonces, no faltan los datos que refuerzan de un modo u otro esta misma conclusión: comer productos de origen animal es peligroso para nuestra salud.

En 2002, el Comité de Médicos por una Medicina Responsable (PCRM) publicó un documento en el que afirma: "niños alimentados con frutas, verduras, granos enteros y legumbres crecen más esbeltos y más sanos, e incluso viven más que sus compañeros consumidores de carne".

En 2009, la American Dietetic Association (ADA), la mayor asociación de profesionales de la nutrición del mundo, publicaba una vez más su posición inequívoca[35]:

"La postura de la Asociación Americana de Dietética es que las dietas vegetarianas adecuadamente planificadas, incluidas las dietas totalmente vegetarianas o veganas, son saludables, nutricionalmente adecuadas, y pueden proporcionar beneficios para la salud en la prevención y en el tratamiento de ciertas enfermedades. Las dietas vegetarianas bien planificadas son apropiadas para todas las etapas del ciclo vital, incluido el embarazo, la lactancia, la infancia, la niñez y la adolescencia, así como para los atletas".

La mayoría de asociaciones de profesionales de la nutrición en el mundo se han declarado en esta misma línea, antes o después. La misma tendencia se puede apreciar entre los médicos más jóvenes y los profesionales de la salud que están más expuestos a los últimos desarrollos en el campo de la medicina.

En 2010, el expresidente norteamericano Bill Clinton, tras años de operaciones y complicaciones cardíacas, adoptó una dieta estrictamente vegetariana. Poco después, declaró haber vuelto a su peso de cuando estudiaba en la universidad y sentirse revitalizado. Principalmente, lo que hizo fue atender las recomendaciones de dos de los más prestigiosos médicos del mundo que le advirtieron que, para salvar su vida, debía cambiar radicalmente su dieta.

El Dr. Sanjay Gupta, periodista jefe para temas de medicina de la CNN, realizó un documental sobre casos como el de Bill Clinton titulado "El último ataque al corazón". En él, afirma: "el Estudio de China ha cambiado la manera de comer de gente en todo el mundo", incluyéndose a sí mismo, ya que el propio Dr. Gupta se ha convertido en un apasionado divulgador de los beneficios de la dieta vegana.

Los intereses detrás de nuestro plato

Es verdad que, como vimos antes, las estadísticas y los estudios científicos a veces parecen contradictorios; y también hay nutricionistas y médicos que se posicionan a favor de seguir consumiendo carne, pescado, lácteos y huevos (aunque con moderación). Muchos de estos profesionales que se declaran a favor del consumo de productos de origen animal lo hacen sin malas intenciones. Se puede pensar que son presos de su propio paladar o de las ideas en las que han sido educados, pero pocos verán en ellos intereses particulares.

Mucha gente de buena fe sigue creyendo lo que nos han enseñado desde pequeños —que para crecer y ser fuertes hay que comer carne y que para fortalecer nuestros huesos necesitamos el calcio de la leche de las vacas—. Pero estamos en el siglo XXI y disponemos de información de la que carecíamos antes. Para taparnos los ojos se necesita una venda cada vez mayor. Ignorar la verdad resulta letalmente peligroso.

¿Y los estudios científicos que parecen desmentir todas las bondades de la dieta vegana? Sospecho que la mayoría de las investigaciones están financiadas, respaldadas o apoyadas por la industria alimenticia de la carne, los lácteos, el pescado y los huevos. Incluso cuando no vemos la conexión entre unos y otros, hay que desconfiar. Los mitos sobre la necesidad de proteína animal, los peligros de la soja y la carencia de B_{12} han sido todos demostrados como falsos por investigaciones independientes. Sin embargo, es obvio que alguien se beneficia de todas estas creencias falsas que sólo confunden todavía más al comensal perplejo que se pregunta quién tiene razón.

El caso de la vitamina B_{12} es un excelente ejemplo. Se trata de una de las primeras asociaciones que surgen ante una dieta vegetariana o vegana. No obstante, según pruebas de *The Framingham Offspring Study*[36], el 39% de los norteamericanos omnívoros tienen niveles bajos de vitamina B_{12}. De hecho, hay muchos casos en los que al pasar a una dieta vegana, personas que tenían deficiencia de vitamina B12 —a pesar de tomar pastillas—, aumentan sus niveles y solucionan el problema. El motivo es que el cuerpo, quizás revitalizado con la ingesta de una mayor cantidad de vegetales y frutas, de repente empieza a absorber y a aprovechar la vitamina.

¿Quién tiene interés en que sigamos comiendo productos de origen animal? Es una industria tan poderosa que sería capaz de mover todos los hilos del mundo sin dejar huella. Y no se trata únicamente de quienes venden los productos de comida. También hay que tener en cuenta a los fabricantes de los medicamentos que luego se recetan a las personas que enferman. ¿Por qué evitar una dieta omnívora gracias a la cual las ganancias de la industria farmacéutica continúan subiendo década tras década?

Pero, por otro lado, seamos críticos.

¿Podría ser que también detrás de las investigaciones científicas que desaconsejan ingerir proteína animal se esconda a su vez un poderoso conglomerado industrial que manipule los resultados?

Es dudoso que logremos encontrar un negocio tan potente como para beneficiarse del no consumo de productos de origen animal. ¿La industria de la soja o los cereales? Su principal cliente es la industria animal, ya que son los animales los que se comen la mayoría del grano y la soja que se produce en el mundo. ¿La industria farmacéutica? Sin duda perdería millones si no fuera por la creciente necesidad de fármacos en el mundo. ¿Los médicos e investigadores que defienden la dieta vegana? Hay mejores maneras de lograr la fama y conseguir entrevistas en los medios de comunicación sin poner en peligro sus carreras.

Por más que busquemos, no encontraremos un actor

económico con un poderío similar al de las grandes industrias de la alimentación y la farmacéutica ni alguien que quiera y pueda concertar una campaña internacional, a lo largo de décadas, para fomentar la abstención de productos de origen animal en nombre de la mejora de la salud y el bienestar de los seres humanos. Simplemente no lo hay. Todos los estudios e investigaciones que demuestran la nocividad del consumo de alimentos de origen animal están motivados por la búsqueda de la verdad. Las recomendaciones de médicos, nutricionistas y otros científicos de alimentarse únicamente con alimentos de origen vegetal tienen como objetivo no el ganar más dinero, sino mejorar la salud de las personas.

¿Quién ahorra dinero con nuestra salud?

En realidad, quizás sí haya quien tenga un interés económico en divulgar los beneficios de la dieta vegana.

Mientras aumentan las pruebas científicas y crece la conciencia de la población, el mayor empujón al cambio de paradigma podría venir precisamente del sector privado.

En los últimos años, se observa una nueva tendencia muy interesante. Los seguros médicos empiezan a introducir nuevos criterios en sus pólizas. Así como una póliza de seguro de automóvil tiene un precio diferente según el tipo y edad del conductor y su estilo de conducción, o así como un seguro médico incluye en su cuestionario de salud la pregunta sobre si fuma o no; hoy las aseguradoras empiezan a valorar los hábitos nutritivos del asegurado, en particular su consumo o abstención de carne, huevos y lácteos.

No son sólo los seguros médicos. También existen ya seguros de vida con descuentos de entre 10 y 20% a vegetarianos. Puesto que la expectativa de vida de un vegetariano supera la del resto, resulta razonable calcular el precio de su seguro de vida de otra manera.

Todavía es una tendencia tímida. Sólo algunas aseguradoras empiezan a aplicar este criterio. Pero la lógica es aplastante y, por tanto, se acabará imponiendo. Igual que no es lógico que paguen la misma póliza un individuo que lleva una vida sana y otro que fuma y bebe a diario sin hacer ninguna actividad física más que apretar el mando a distancia con el dedo, si alguien lleva una dieta vegana, y estadísticamente está comprobado que tiene muchas menos posibilidades de necesitar determinados tratamientos médicos, entonces ¿por qué debería pagar igual que alguien que esté intoxicando su cuerpo a diario con grasas animales, antibióticos, hormonas y colesterol?

Dicen que el capitalismo es sabio en el sentido de que si la gente y las empresas ponen su dinero en algún sitio, señal de que ese sitio tiene algo que funciona. Desgraciadamente hay demasiados casos en los cuales el dinero sólo sirve para reforzar y explotar las debilidades humanas. Sin entrar aquí en un debate sobre el sistema económico actual, está claro que si el sector privado adopta masivamente medidas como la mencionada —premiar económicamente a los asegurados que sigan una dieta vegetariana o vegana—, esto supondría el golpe definitivo al debate sobre su conveniencia.

Este paso terminaría con las dudas que tiene mucha gente actualmente. Si un seguro médico cuesta menos para un vegano, quedaría claro para todos el peligro extra que supone comer carnes, lácteos y huevos. Sería la prueba definitiva de que comer productos de origen animal nos mata y, además, nos hace vivir peor.

Las buenas noticias son que este primer paso ya se ha

dado.

Kaiser Permanente es la mayor compañía del sector de la asistencia médica en los EEUU. Con más de 167 000 empleados, ofrece seguros médicos, asistencia sanitaria cotidiana, hospitales y otros servicios del ámbito de la salud. Tiene 9,3 millones de asegurados a quienes brinda asistencia sanitaria, y su objetivo, obviamente, es reducir gastos y aumentar beneficios.

En un correo interno divulgado en 2013 a los 17 000 médicos que trabajan para la compañía[37], Kaiser Permanente considera la "dieta basada en plantas" (eufemismo para una dieta vegana equilibrada sin la carga emocional y ética del veganismo) el mejor tratamiento para los males endémicos de la sociedad norteamericana, el más rentable a nivel económico y el más eficaz a nivel médico:

Los médicos deberían plantearse recomendar una dieta basada en vegetales a todos sus pacientes, especialmente a aquellos con tensión alta, diabetes, enfermedades cardiovasculares u obesidad.

El propósito de este artículo es ayudar a los médicos a entender los beneficios potenciales de una dieta basada en vegetales, con el fin de trabajar juntos para crear un giro de la sociedad hacia una nutrición basada en vegetales. Existen evidencias razonables en la literatura de que las dietas vegetarianas están relacionadas con pérdida de peso y un menor riesgo de enfermedades cardiovasculares, cáncer y mortalidad en comparación con otras dietas. Estos datos sugieren que las dietas basadas en vegetales pueden ser una solución práctica para prevenir y tratar enfermedades crónicas.

Es necesario seguir investigando para encontrar maneras de convertir la dieta basada en vegetales en la nueva norma para nuestros pacientes y nuestros trabajadores. No podemos curar las enfermedades crónicas, pero quizás seamos capaces de prevenirlas y controlarlas cambiando nuestra forma de comer.

El proceso de cambio de paradigma está acercándose a su madurez, pero aún no está completo. Tras el sector privado, como casi siempre, llega corriendo con la lengua fuera el sector de la sanidad pública.

Si las aseguradoras privadas ya aplican el principio de ahorrarles dinero a aquellos clientes que les ahorran gastos a ellas, es hora de que la sanidad pública se suba al tren.

Los gastos de la salud pública en el mundo no paran de subir, año tras año. El motivo no es el aumento de la población, ya que analizado proporcionalmente, el gasto per cápita también sube. ¿No es extraño que en el siglo XXI, con tanto adelanto científico y tecnológico, sigamos gastando cada vez más en tratar nuestras cada vez mayores enfermedades?

Los responsables de las arcas públicas también se dan cuenta y no tardarán en aplicar el mismo principio lógico. Comer productos de origen animal daña nuestra salud, y eso nos cuesta un montón. Todavía lo podemos soportar, pero ¿hasta cuándo?

En un mundo de creciente población, mayor longevidad, nuevas epidemias y tratamientos médicos en aumento, el sistema de sanidad pública tiene los años contados antes del colapso general. La única solución, como siempre han argumentado los expertos más sabios en la materia, es la prevención antes que la curación.

El principal modo de prevención ante los problemas de salud del mundo occidental es muy simple: abstenerse de comer carne, pescado, lácteos y huevos. Es inevitable que los estados terminen promoviéndolo, motivados simplemente por la necesidad de ahorrar gastos en el sistema de salud pública.

El estado ya promueve varios hábitos que previenen enfermedades: no fumar, usar preservativos, hacer ejercicio físico… En casi cada país hay campañas financiadas con dinero público para concienciar a la población de los peligros de determinado comportamiento. La motivación siempre es la misma. Un comportamiento no consciente de la población en tales aspectos conllevaría más gastos para el estado de lo que cuesta la campaña de concienciación. La prevención es más barata que el tratamiento.

Por todo esto, es cuestión de tiempo para que, tras los nuevos criterios de las aseguradoras privadas, sean los mismos estados los próximos que fomenten una dieta basada en vegetales a fin de mejorar la salud de los ciudadanos y salvar el sistema de salud pública de la ruina.

Es simplemente lógico que el próximo paso de esta historia sea el etiquetado de los productos de origen animal, advirtiendo de las posibles enfermedades que su consumo puede acarrear. ¿Suena conocido? También al principio el tabaco era considerado como algo saludable y natural. Los seres humanos fumaban desde tiempos inmemorables y los propios médicos recomendaban sus cigarrillos favoritos.

Puede parecer lejano, mas el día está cerca. Puede tardar 5 años, o 50 a lo sumo, pero avanzamos inexorablemente hacia ese momento.

Cuando los diferentes estamentos, como el sector público, las empresas privadas y las instituciones académicas se pongan de acuerdo y declaren sin reparos lo que ya todos saben, el cambio de paradigma se habrá completado.

Las etiquetas de advertencia en los productos animales serán la norma. Dar leche de vaca a un niño pequeño será considerado maltrato infantil, como si se le diera un cigarrillo.

Finalmente se abrirá una nueva etapa para la salud humana. Una etapa sin el lastre que supone la falacia de la necesidad de proteína animal.

TRAS LA SENDA DEL RACISMO

«Primero te ignoran, luego se ríen de ti, después luchan contra ti, luego ganas».
Mahatma Gandhi

«Un día, lo absurdo de nuestra creencia en la esclavitud de otros animales será palpable. Para entonces habremos descubierto nuestras almas y nos habremos hecho merecedores de compartir este planeta con ellos».
Martin Luther King, Jr.

«Llegará el momento en que el hombre verá el asesinato de los animales como ahora ve el asesinato de los hombres».
Leonardo Da Vinci

A veces parece que el ser humano es incapaz de vivir en paz y armonía. Toda nuestra historia está repleta de luchas, sufrimiento, opresión y anhelo por un mundo mejor. Podríamos trazar nuestra evolución a través de una serie interminable de discriminaciones e identidades excluyentes: tribalismo, clasismo, sexismo, nacionalismo, racismo, etc. Y el "ismo" más antiguo de todos: el especismo, la discriminación por pertenecer a otra especie; o la creencia en la supremacía de una especie —la nuestra—, con licencia para hacer lo que quiera con las demás.

Muchos filósofos ya han señalado el fenómeno según el cual sólo a través de la negación del "otro" somos capaces de afirmar nuestra propia identidad. Para algunos, se trata incluso de una etapa imprescindible para la formación de la identidad —tanto individual como colectiva— del hombre. Necesitamos rechazar a alguien para poder afirmarnos. Sentimos la necesidad de rebajar, menospreciar y limitar la identidad y los derechos de otro para sentirnos más poderosos.

Pero de modo nada sorprendente, cuanto más discriminamos, cuanto más basamos nuestra propia afirmación en la negación del otro, más débiles nos volvemos. Perdemos demasiado tiempo justificando nuestra superioridad sobre los demás para darnos cuenta, finalmente, de que lo justo, liberador y gratificante es derrumbar los prejuicios y terminar con la discriminación.

La historia continúa

Se puede describir la historia de la humanidad como un proceso de aprendizaje del ser humano, en el cual progresiva y paulatinamente vamos derrumbando todas las discriminaciones.

Este avance no es homogéneo y, sin duda, se puede argumentar que aún falta demasiado trabajo por hacer al respecto. Sin embargo, fijémonos en el trayecto que ya hemos recorrido.

Aunque todavía persisten las actitudes sexistas, racistas o xenófobas, no se puede negar que la situación en la mayor parte del mundo es mucho mejor hoy que hace 100 años o que hace 5000 años.

Por ejemplo, en el pasado, las mujeres eran consideradas propiedad de los hombres y carecían de derechos. Cualquier persona, por muy culta y bondadosa que fuera, se hubiera reído en nuestra cara al escuchar un mensaje sobre la igualdad de la mujer y sus derechos. Basta recordar la lucha sin cuartel que tuvieron que llevar a cabo las feministas para que el sufragio "universal" incluyera también a las mujeres. Algo que hoy consideramos como evidente era visto hace un siglo como una cuestión polémica y controvertida. Las normas discriminatorias y los prejuicios estaban tan anclados en las mentes que incluso muchas mujeres salían en contra del derecho a voto de la mujer.

Tenemos que hacer memoria. La primera vez que las mujeres pudieron acudir a las urnas en un país hispanoparlante fue en 1927, en Uruguay. En España, las mujeres votaron por primera vez en 1933. Fuera del mundo hispano, el primer país que otorgó derecho a voto a las mujeres fue Nueva Zelanda, en 1893; sin embargo, las neozelandesas tuvieron que esperar hasta 1919 para poder presentarse como candidatas.

El mundo avanza, e incluso las malas hierbas más

arraigadas ceden ante el viento del cambio. Cierto, hoy en día aún queda muchísimo por mejorar. Existen actitudes sexistas en nuestra sociedad que deben ser erradicadas, desde diferencias en el salario por una misma labor hasta violencia contra las mujeres dentro y fuera de los hogares. Sin embargo, no podemos ignorar que la situación ha dado un giro espectacular.

En el pasado, la discriminación era vista como algo natural, normal y legal. Hoy en día, la ley protege a todos por igual y la sociedad considera la discriminación como algo anormal e ilegítimo. La norma es la igualdad. La situación ha cambiado ante la ley; pero aún más importante, la percepción de las normas de nuestra sociedad es diferente.

Ahora es el turno del especismo. Tras sentar las bases de la igualdad entre todos los seres humanos, y a la espera de que esta igualdad se traduzca de un modo cada vez más efectivo y profundo, nos queda la asignatura más difícil de todas: ampliar el círculo de la compasión, la solidaridad y el respeto hasta los más débiles, aquéllos a quienes explotamos y podemos ignorar: los animales no humanos.

La prolongación de la historia de la humanidad nos debe conducir inexorablemente hasta el fin de la discriminación y la indiferencia al sufrimiento de las otras especies. Tras entender y asumir que no hay ninguna base legítima —racional o espiritual— para pisotear los derechos y la dignidad de los pobres, de los extranjeros, de las mujeres, de los niños, de los ancianos, de los discapacitados, de las personas de orientación sexual diferente ni de nadie que sea diferente a nosotros, no podemos detenernos. Debemos continuar con valentía y reconocer que es injustificable menospreciar el derecho a la vida y a la libertad de cualquier animal, sea de la especie que sea.

Nada puede justificar que la vida de otros animales no tenga valor. Ni para quitársela ni para esclavizarlos a nuestro antojo. Nada puede justificar que protejamos a "nuestros" animales de compañía y comamos a los animales de otras especies.

Nuestra capacidad para esclavizar, explotar y asesinar no nos otorga derecho a ello. Sólo una necesidad real, como la falta extrema de alimentos o la defensa propia, podría justificar que sacrifiquemos la vida de otro animal.

El especismo, entendido como la creencia en una jerarquía entre las distintas especies, es sólo una prueba de nuestra ignorancia y soberbia. Si nos tienta pensar en el león, "rey de la selva", conviene recordar que los leones habitan principalmente la sabana africana y no la selva; que los tigres son más grandes que ellos y que están en peligro crítico de extinción.

Dice un proverbio africano: "la garrapata desprecia al perro, a pesar de que vive a su costa". Nosotros, los humanos, despreciamos a todos los animales que criamos, matamos y troceamos para comer, en vez de apreciar la maravillosa realidad que está presente en cualquier ser vivo y admirar la belleza de la vida.

Los conejos son un excelente ejemplo de la ideología especista y de nuestro confuso comportamiento. Símbolo de ternura y suavidad al mismo tiempo que de erotismo, los conejos pueden terminar en nuestros platos, como mascotas caseras, en granjas rurales para que los niños los acaricien, o en laboratorios siendo objeto de crueles e inútiles experimentos.

¿Con qué derecho proclamamos nuestra superioridad sobre las otras especies? ¿Cómo podemos seguir justificando el daño que causamos a otros animales? ¿Qué osados podemos ser para usar la palabra "animal" como insulto mientras que los humanos —animales también— esclavizan y matan a millones de animales cada día entre la crueldad y la indiferencia?

En el fondo, el sentimiento de superioridad que tenemos los humanos hacia los demás animales no es diferente del que sentían nuestros antepasados hacia individuos de otras clases sociales, de acento o color de piel diferente, o de distinto género. La esencia de la discriminación y la autoproclamada supremacía es la misma.

El comercio europeo de esclavos africanos duró varios siglos y llegó a su apogeo durante el siglo XIX. Sus raíces se remontan siglos atrás a la misma esclavitud que ciertas etnias africanas imponían a otras. Pero cuando decenas de miles de hombres y mujeres fueron capturados en África y vendidos por los europeos en América, muchos lo consideraron como una prueba de la grandeza de la civilización "mundial". Estaba claro para el hombre blanco que se trataba de una práctica legítima con sólidas bases científicas, morales y religiosas.

Para los europeos no existía ninguna duda de que los africanos eran inferiores a ellos. Había "pruebas" de ello. No podía haber nada más natural y normal. La ciencia de la época así lo demostraba y también las interpretaciones religiosas vigentes.

Cualquier persona que osara poner en cuestión la supremacía de la raza blanca o defendiera los derechos de los humanos esclavos era visto como un lunático o un enfermo. Como siempre ocurre cuando el paradigma reinante cambia, al principio se ninguneaban esos argumentos como casos aislados de locos extravagantes, luego se pasó a la burla y al desdén, y finalmente, se llegó a la lucha y a la guerra de secesión en los Estados Unidos.

El cambio no fue repentino y, como sabemos, tampoco está completo del todo. Se ganaron las principales batallas —la ley y la conciencia social— pero aún quedan actitudes y hábitos que queremos erradicar. Así parecen derrumbarse los prejuicios y la discriminación: con una combinación de estrepitosa lucha y silenciosa evolución.

La lección del caso de la esclavitud en América es muy importante. Primero se prohíbe la esclavitud, luego la segregación y, al final, se elige a un presidente afroamericano. Nuestra percepción ha cambiado paulatinamente a lo largo de todos esos años. Lo que era normal ya no lo es. Lo que era una locura ya es normal. Las creencias cambian. La historia avanza.

Es un motivo de optimismo, un motivo más para pensar que también la discriminación en función de la especie será progresivamente erradicada de la faz de la tierra. Como el sexismo, el clasismo, el racismo y tantos otros tipos de discriminación, tenemos una base sólida para creer que el especismo también va a desaparecer.

La no-novedad del veganismo

Tuvieron que pasar siglos enteros para que el ser humano entendiera que no debe privar de la libertad y de la dignidad a otro ser humano, semejante o diferente. No es pues tan extraño que hayan tenido que pasar milenios enteros para entender que tampoco a los animales de otras especies, con quienes compartimos este maravilloso planeta, les podemos negar el derecho a la dignidad, la libertad y la vida.

En una entrevista[38] para "I'm Vegan", el Profesor Gary Francione explica que la gran ventaja del movimiento vegano consiste en que la mayoría de la gente ya está de acuerdo con el principio de que no se debe infligir sufrimiento o daño a un animal si no es necesario. Obviamente la siguiente pregunta es "¿qué es necesario?" ¿Son nuestro placer, comodidad o diversión un motivo *necesario* que justifique causar daño o sufrimiento a un animal? Desde luego, comer carne o lácteos no es necesario (y no digamos perjudicial) para nuestra salud. Las pieles y los tejidos sintéticos son tan o más eficaces hoy en día como el cuero y la lana. Visitar un parque lleno de animales enjaulados para admirar su belleza no es una necesidad…

En el fondo, el veganismo no está diciendo nada nuevo. No es una novedad reclamar respeto para los animales. Simplemente está pidiendo coherencia. Ahí está la dificultad, ahí radica su fuerza.

En Occidente, la mayoría de nosotros siente un especial afecto por los perros y/o los gatos. Al constatar el consumo de carne de perro y de gato en países con tradiciones diferentes, el observador honesto comprende que no hay diferencia entre una hamburguesa de carne de vaca o de carne de perro.

Nadie permanecería indiferente ante un caso de violencia en la calle, sea hacia otra persona o hacia un perro o un gato. La violencia sistematizada contra las vacas, gallinas y otros animales se mantiene principalmente gracias a la no-visibilidad de esa violencia. Ojos que no ven, corazón que no siente. Sólo que ahora, en la era de las redes sociales en Internet, se está destapando la mayor vergüenza de la humanidad. Y cada vez hay menos gente que elige ignorarla.

El veganismo no proclama nada realmente nuevo. La novedad está en la consciencia de las personas. Las bases cognitivas para un cambio de tal magnitud ya están presentes y crecen día a día, a nivel espiritual, religioso y científico.

En lo espiritual, la civilización occidental lleva varias décadas especialmente enfrascada en un proceso de búsqueda de valores. El vacío provocado por el abandono o el distanciamiento de las religiones y otros valores tradicionales ha desembocado en una inquietud espiritual cuya culminación lógica es un ejercicio de humildad y honestidad, de contemplación y compasión, precisamente lo que significaría la práctica del veganismo.

En lo religioso, ya en 1990 el Papa Juan Pablo II declaró que los animales tienen alma, un "soplo vital divino". En 2008 su sucesor Benedicto se retractó; pero en diciembre de 2014, el nuevo Papa, Francisco, volvió al tema con más ímpetu al afirmar que los animales tienen alma y van al cielo. En mayo de 2015 publicó su segunda encíclica "Laudato si", en la que muestra su preocupación por la ecología así como por nuestra relación con las otras especies. No quiso el sumo pontífice que su mensaje pasara inadvertido y el 19 de junio tuiteó[39]: "Es contrario a la dignidad humana causar a los animales sufrimiento o muerte innecesariamente". Es probable que pronto asistamos a más declaraciones antiespecistas por parte de la máxima autoridad del mundo católico.

Lejos quedan aquellas declaraciones cartesianas que equiparaban a los animales a máquinas sin sentimiento ni conciencia. Da la impresión de que las instituciones religiosas que honestamente buscan la paz empiezan a cambiar su actitud hacia los demás animales. Los grupos de vegetarianos estrictos, éticos, de fe cristiana están en pleno crecimiento. "¿Qué comería Jesús?" es un eslogan cada vez más usado en el mundo anglosajón. También la Unión Vegetariana judía de los EE. UU, liderada por rabinos veganos, se encuentra en una fase de gran expansión.

En Israel —Tierra Santa y cuna de las tres grandes religiones monoteístas— el veganismo florece y crece vertiginosamente. Basta fijarse en los resultados del popular concurso televisivo *Gran Hermano* en ese país en 2014, donde una activista vegana, que durante el programa no dejó de hablar sobre los derechos de los animales y su explotación, fue elegida ganadora por el público en casa, y donde el concursante que fue elegido en segundo lugar se hizo vegano durante el transcurso del programa.

En lo científico, cada vez es más difícil justificar el sufrimiento causado a un animal. A pesar de la enorme influencia que tienen las grandes industrias (alimentación y farmacéutica) en el desarrollo científico, las investigaciones y los estudios que se publican al respecto durante los últimos años no dejan lugar a ambigüedades.

Los animales no humanos también son seres con plena conciencia de sí mismos, con inteligencia, con sentimientos de felicidad y de infelicidad. Algo que sabe cualquier persona que conviva con un perro, está por fin respaldado por la ciencia.

El 7 de julio de 2012, una conferencia de neurocientíficos reunidos en la universidad de Cambridge proclamó solemnemente, bajo la atenta mirada de Stephen Hawking, invitado de honor a la ceremonia, que los otros animales poseen, como los humanos, una conciencia[40]:

Declaramos lo siguiente: La ausencia de un neocórtex no parece impedir a un organismo experimentar estados afectivos. Evidencias convergentes indican que los animales no humanos tienen los sustratos neuroanatómicos, neuroquímicos y neurofisiológicos de los estados de conciencia, junto con la capacidad de mostrar comportamientos intencionales. En consecuencia, el peso de la evidencia indica que los humanos no son los únicos que poseen los sustratos neurológicos que generan conciencia. Los animales no humanos, incluyendo todos los mamíferos y aves, y muchas otras criaturas, incluyendo pulpos, también poseen estos sustratos neurológicos.

Sí, puede parecer obvio; pero en el mundo en el que vivimos, donde la palabra de la ciencia es casi sagrada, y donde se mantiene el sufrimiento de los animales lejos de nuestros ojos y nuestros oídos, esta declaración abre la puerta de par en par a un gran debate ético que podría cambiar radicalmente nuestra relación con el resto de animales de este planeta.

Ya ha cambiado de forma radical nuestra percepción de los cetáceos. En la Advancing Science Serving Society Conference de 2012 se sentaron las bases para que toda la comunidad científica se adhiera a la Declaración de Derechos de los Cetáceos[41], firmada por una conferencia especial de expertos en Helsinki en 2010. Según sus investigaciones, al tener capacidades cognitivas avanzadas, tales como la solución de problemas, la comprensión de "lenguaje" artificial y un comportamiento social complejo, las ballenas y los delfines merecen que se reconozcan sus derechos como personas no humanas, con todas sus implicaciones éticas.

Esto es sólo el principio. Los estudios y las pruebas científicas de aquello que es obvio para nuestro corazón se multiplican paulatinamente. Lo sabemos cuando somos niños, lo olvidamos al perder nuestra inocencia y, por fin, lo estamos redescubriendo: los animales sienten felicidad y dolor. Desean ser libres, jugar, descubrir el mundo y vivir plenamente; igual que nosotros. No podemos apoderarnos de sus vidas.

Poco a poco se están derrumbando las premisas científicas que sostenían el especismo y que endurecían los corazones de las personas, acostumbradas a ignorar el sufrimiento de otros animales. Cada vez se hace más difícil justificar el inconcebible daño que causamos a millones de seres sintientes, con padre y madre, que viven atormentados una corta vida de miseria y humillación, reducidos a meros objetos de producción por nuestro afán consumista. Cada día, estamos más cerca de abrir los ojos como civilización y descubrir lo cruel, lo injusto y lo innecesario que es continuar explotando a los otros animales.

Destellos de luz

En los últimos años se están multiplicando los pequeños gestos que vaticinan este cambio radical a gran escala. Son a veces actos simbólicos y otras, verdaderas revoluciones silenciosas. Pero la conciencia del mundo está empezando, tímidamente, a cambiar.

En los últimos años, el Congreso Internacional de Derechos de los Animales tiene lugar en el Kulturfabrik, un local que antiguamente era un matadero. Esto ocurre en Luxemburgo, uno de los países con mayor consumo de carne per cápita (108 kg/año).

En 1989, en el día de acción de gracias, el presidente norteamericano George Bush, el padre, instauró la costumbre de "perdonar" públicamente la vida al pavo presidencial que estaba destinado a la cena de aquella noche. El acto es probablemente un ejercicio hipócrita de relaciones públicas, pero… ¿quién sabe si ese momento no será recordado algún día como el principio del final de una costumbre que termina cada año con la vida de millones de pavos sólo en los EE. UU.?

En 2013, el gobierno de Costa Rica decidió abrir las jaulas y convertir los dos parques zoológicos estatales en parques botánicos. "Estamos mandando un mensaje al mundo. Queremos ser congruentes con nuestra visión de país que protege a la naturaleza", declaró Ana Lorena Guevara, viceministra.

A finales de 2014, una huelga de hambre de varios monjes jainistas logró erradicar la industria de la carne y los huevos de la ciudad india de Palitana, que se convirtió así, legalmente, en la primera ciudad vegetariana del mundo.

A mediados de 2015, entró en vigor la ley que prohíbe presentar espectáculos con animales, marinos o terrestres, en México.

Toda revolución empieza por pequeños actos, simbólicos, que se convierten en poderosas armas en las mentes de la gente.

Y las mentes de la gente están cambiando: somos más conscientes que nunca de las manipulaciones de los grandes poderes porque es más fácil que nunca poner al descubierto las mentiras y el fraude de quienes durante años estaban acostumbrados a actuar en la impunidad de la sombra.

Ahora hay más luz. La gran revolución de las comunicaciones, encabezada por Internet, ha cambiado las reglas del juego. Sabemos que tampoco es todo color de rosa. Hay muchos obstáculos y trampas en el camino, pero nos encontramos en una situación radicalmente diferente de la que había hace 25 años. Estamos en un escenario muchísimo más favorable para cualquier causa que luche por terminar con la injusticia y la discriminación. Desde luego para el movimiento que aspira a la liberación de los animales del yugo humano, no ha habido otra época más propicia para difundir este mensaje.

También es cierto que vivimos en una época en la cual las dimensiones y la crueldad de la industria animal rompen records. Pero esto, combinado con la horizontalidad de los nuevos medios de comunicación como las redes sociales y la accesibilidad que otorgan los *smartphones,* juega a favor del mensaje antiespecista.

Hoy es más simple que nunca mostrar el sufrimiento que causa el ser humano a los otros animales. Es más factible que nunca que la gente tome conciencia de lo que les estamos haciendo a los otros seres vivos con sentimientos, con corazón, con boca y con ojos. Es cada vez más difícil seguir escondiéndose —como antaño— en las imágenes de vacas y gallinas felices de los anuncios publicitarios.

A casi todos nosotros nos han educado y condicionado con los valores especistas. Hemos crecido dando por hecho que tenemos derecho a subyugar a otros animales para comerlos, vestirnos o divertirnos. Pero, al mismo tiempo, también nos han educado con valores como la bondad, la compasión y la justicia.

Durante años, esta contradicción estaba desactivada en lo profundo de nuestro subconsciente. Hoy, por fin, asistimos al lento despertar de nuestra consciencia. Hay que hacer un verdadero esfuerzo para no mirar, no escuchar y no sentir el dolor que sale de los mataderos. La accesibilidad de la información hace más difícil ignorar la situación de los animales esclavizados para consumo humano.

Incluso quien cree en el fundamento de la superioridad humana respecto a los otros animales se resiste a justificar y aceptar tanta crueldad.

Incluso quien se resiste a renunciar a la comida que conoció toda su vida se indigna al ver cómo en otros países más exóticos se crían perros y gatos para la alimentación humana.

O, simplemente, hay quien da un pequeño gran paso adelante y se posiciona en contra de una cierta práctica que daña a una especie en particular (corridas de toros, peleas de gallos, experimentos en primates, maltrato a perros, caza de ballenas, etc.).

Así, poco a poco, la actitud de nuestra sociedad hacia la explotación animal está cambiando. Algunos se preocupan por el "bienestar" de algunos animales, incluso si piensan luego en comérselos o en comerse sus huevos o secreciones; otros se centran en el maltrato a ciertos animales específicos.

Buscar formas menos crueles de explotación conlleva sin duda grandes contradicciones éticas. Así es el caso también de defender a un animal del maltrato pero ser indiferente al sufrimiento de otro animal. Sin embargo, esta contradicción, obvia desde la perspectiva antiespecista y objeto de apasionados debates dentro del movimiento por los derechos de los animales en todo el mundo, no debe impedirnos ver la dirección en la que se mueve la sociedad.

Estamos avanzando hacia una mayor conciencia ética en nuestra relación con los otros animales del planeta.

La persona que elige, por motivos éticos, comer huevos de "gallinas libres" está mucho más cerca de abstenerse totalmente de fomentar esa industria que el consumidor medio. Basta con que conozca más a fondo las prácticas crueles y enfermizas que tienen lugar incluso en esas granjas "orgánicas y humanas". Y eso, con Internet en el bolsillo, es más fácil que nunca.

Quien se posiciona y actúa en contra del maltrato a cierta especie está más cerca que nunca de extender su empatía y su actitud ética a todas las demás especies. Si realmente te molesta que haya elefantes esclavos en los circos, tarde o temprano tendrás que posicionarte también contra los pájaros enjaulados, los peces encerrados en peceras y las vacas a quienes roban la leche de sus bebés.

Rara vez un hombre se levanta por la mañana y cambia radicalmente su comportamiento. Normalmente es un proceso gradual, sobre todo a escala social. Pretender causar el menor daño a un animal, aun si te lo vas a comer, es un principio. Centrarse en el sufrimiento de una especie determinada, aun ignorando a las otras, es un principio.

En este sentido, la revolución ya ha empezado. Todo está conectado.

Derrumbando muros

Una vez que se abre una pequeña brecha en la muralla de indiferencia que rodea el corazón del hombre, es cuestión de tiempo para que la muralla se derrumbe.

Cada vez vemos más murallas agrietadas, más conciencia humana, más voluntad de corregir.

Internet ha servido de catalizador de este proceso y, durante los últimos años, los movimientos por los derechos de los animales han ido creciendo en todo el mundo. La lucha por la liberación animal se ha diversificado y democratizado en relación proporcional a la facilidad de escribir en Facebook o en Twitter.

Al abrir numerosos frentes y usar diferentes tácticas, puede parecer que el movimiento vegano es un caos. No hay un mensaje unificado ni un esfuerzo coordinado. Eso es quizás lo más bonito.

Más que un caos, la revolución vegana es una manifestación auténtica del despertar espontáneo y simultáneo de las consciencias de millones de seres humanos en el mundo entero. Con la fuerza del entusiasmo y la honestidad, es probablemente la estrategia más eficaz para que el cambio se expanda inevitablemente.

Los enemigos de la revolución vegana son sumamente poderosos: intereses corporativos, tradiciones milenarias, organizaciones bienestaristas, condicionantes psicológicos... Y sin embargo poco pueden hacer ante la marea vegana que inexorablemente inunda el mundo con un mensaje de empatía, respeto, justicia y coherencia ética.

No hay marcha atrás. ¿Te imaginas que decidieran hoy que sólo los que tienen un millón de dólares puede votar? ¿O que las mujeres fueran propiedad de los hombres y no tuvieran los mismos derechos ante la ley? ¿O que los negros no pudieran entrar a establecimientos de blancos? ¿O que internaran a los homosexuales en centros psiquiátricos?

Hay injusticias que, una vez rebatidas, es imposible e impensable restaurar. Puede quedar mucha gente que sienta animadversión hacia ciertos grupos anteriormente discriminados. No obstante, nadie piensa seriamente en volver a rodar hacia atrás. Una vez los derechos de los animales sean plenamente reconocidos por el ser humano, no habrá vuelta atrás.

Asistimos al principio del fin del paradigma especista, según el cual hay especies superiores a otras y tenemos derecho a utilizar a otras especies para nuestro beneficio. Es un proceso lento y largo, pero que aumenta de velocidad a medida que crece.

Poco a poco, se suman más personas, más líderes, más sectores de la sociedad, más países. Poco a poco extendemos los principios de justicia y bondad en los que fuimos educados a todos los círculos con los que convivimos.

Avanzamos hacia un nuevo mundo, un mundo mejor para todos: humanos y no humanos.

Es la revolución vegana.

TRAS LA SENDA DE AL GORE

«La Tierra necesita ahora 18 meses para regenerar lo que usamos en un año. Si las tendencias demográficas y de consumo continúan, en el 2030 necesitaremos el equivalente a dos Tierras para abastecernos».

Global Footprint Network

«No se puede hablar en serio sobre el calentamiento global sin hablar del papel de la producción animal».

Moby a Al Gore (2009)

«Nunca antes habíamos estado aquí, en el estado actual de la Tierra. Por eso, nuestra ecología humana debe ser también algo que nunca antes hemos hecho».

Will Anderson (Green Vegans)

Damas y caballeros, ¡estamos calentando el planeta!

En 1896, un científico sueco llamado Svante Arrhenius fue el primero en anunciar que los combustibles fósiles podían contribuir al calentamiento del planeta. Las investigaciones que realizó, junto con Thomas Chamberlin, sobre las consecuencias de las actividades humanas en el clima sólo pudieron ser corroboradas por la comunidad científica 91 años después, en 1987.

Durante los años 50 y 60 se amplió el conocimiento sobre las características del dióxido de carbono y los mecanismos del llamado efecto invernadero, pero fue en 1976 cuando Stephen Schneider puso realmente el tema sobre la mesa del debate público con su libro *La estrategia del Génesis: clima y supervivencia global.*

Doce años más tarde, en 1988, se recaban datos que confirman que la temperatura global del planeta es más alta que en 1880. Ese mismo año, finalmente, la ONU y la Organización Meteorológica Mundial crean el Panel Intergubernamental de Expertos sobre el Cambio Climático (IPCC en sus siglas en inglés), formado por unos 2500 expertos de las más diversas áreas concernientes al tema, para hacer un seguimiento de la situación, una valoración de los posibles escenarios futuros y asesorar a los gobiernos del mundo sobre cómo evitar la catástrofe.

En 1997, tras varias conferencias, se llega al Protocolo de Kyoto que pretende reducir las emisiones de CO_2 de todos los países en un 5% entre los años 2008 y 2012. Las medidas parecían demasiado tímidas para el asunto, pero aún así, el protocolo no fue ratificado por los EEUU y fue aplicado parcialmente.

Las conferencias internacionales se suceden desde

entonces y, aunque el proceso es lento, se advierte un mayor consenso entre los gobiernos, quizás por temor a ser vistos por la opinión pública como los obstaculizadores a unas medidas que ya todos consideran como absolutamente necesarias.

Lentamente, las diferencias entre las potencias occidentales y las nuevas economías emergentes, como China e India, se están resolviendo. Entre otras muchas medidas tomadas en los últimos años, está la destinación de millares de dólares a un fondo mundial para desarrollar energías "verdes" y la difusión de programas educativos sobre medio ambiente y el cambio climático en las escuelas de todo el mundo.

A día de hoy, la lucha por evitar el calentamiento del planeta todavía se topa con numerosos obstáculos y con poderosos intereses. Pero a estos intereses, contrarios a tomar medidas drásticas, les cuesta cada vez más justificarse públicamente.

En la mayoría de los países occidentales, la lucha contra el calentamiento global se considera lógica y necesaria. La realidad de la amenaza está fuera de debate y pocos políticos osan hoy declararse en contra de la reducción de gases invernadero. Los jóvenes conocen el problema mejor que sus padres y parece que sólo falta que los gobiernos se pongan de acuerdo y resuelvan sus diferencias para que se pueda solucionar el problema.

Los movimientos ecologistas nos apremian a que presionemos a los políticos para que éstos adopten ya las medidas necesarias para detener el calentamiento global y evitar sus nefastas consecuencias sobre la vida de todo el planeta.

Por momentos, da la impresión de que si tan sólo

pudiéramos influir en ciertos puntos clave del sistema político, estaríamos muy cerca de conseguir nuestro objetivo y veríamos como se ejecutan las soluciones de las que llevamos años hablando. Si se impusieran ciertas restricciones y redujéramos las emisiones industriales de CO_2, si el mundo entero pudiera tener acceso fiable y constante a energías renovables... Ay, el mundo se arreglaría casi al momento.

Pero no.

Es importante reducir las emisiones de CO_2 y necesitamos desarrollar las energías renovables; pero en esta imagen casi idílica de la situación hay algo que no vemos y huele mal. Literalmente. Falta la parte no iluminada de la ecuación, la parte que los humanos de a pie nos resistimos a ver. Aunque el dato que falta abarca diversos elementos, podríamos resumirlo con una sola palabra: flatulencias.

Gases de efecto invernadero que huelen mal

Los datos están ahí: la principal causa del calentamiento global no es el carbón y el petróleo que usamos como energía, sino las vacas y los otros animales que usamos como alimento. Con todos sus efectos colaterales, desde el transporte de animales hasta el procesado de las carnes, pasando por las flatulencias y los eructos, la industria de productos animales es la mayor emisora de gases invernaderos en el mundo.

Por ahora, casi todos los datos se apoyan en publicaciones de la ONU, de cuya independencia pocos dudan. En los últimos años, debido a grandes presiones de las multinacionales, las agencias internacionales están suavizando sus estimaciones. Pese a ello, según los cálculos fiables más precavidos, la cría de animales para uso humano contribuye al menos un 15% de los gases, todavía superior al 13% que contribuyen todos los transportes por aire, tierra y mar juntos.

El mayor motivo por el cual la cría de animales resulta tan dañina para la capa de ozono es que los animales emitimos metano, un gas cuyo efecto invernadero es casi 100 veces más potente que el del CO_2.

Las buenas noticias son que mientras que los efectos del CO_2 duran unos 100 años, las consecuencias del metano en la atmósfera no superan los 20 años. Esto significa que la reducción drástica en la demanda de productos de origen animal podría tener un efecto bastante rápido en el calentamiento global, mucho más que el desarrollo, también necesario aunque lento y costoso, de energías renovables. Pensemos en este dato como una oportunidad. Si bien la industria ganadera es la causa número uno del calentamiento global, su desmantelamiento significaría la inversión de la tendencia en un plazo razonable, concebible dentro de los términos de una vida humana.

He aquí otro motivo más, quizás el más ineludible de todos, para despertarnos de nuestro letargo y salvar la vida, no sólo nuestra o de los animales, sino en todo el planeta. Y si no despertamos ante una situación como ésta, tan grave y tan simple de solucionar, ¿cuándo despertaremos?

Los datos están ahí, efectivamente, y cada vez empiezan a haber más investigaciones sobre el tema mientras se propagan con mayor interés por el mundo.

El documental *Cowspiracy* (*Cow*=vaca, *conspiracy*=conspiración), por ejemplo, ya está sacudiendo los cimientos del movimiento ecologista al cuestionar radicalmente las estrategias promovidas para combatir el cambio climático y proteger el medio ambiente. Pero, principalmente, está sirviendo para difundir de modo sumamente eficaz los reveladores datos sobre el calentamiento global que la industria ganadera no quiere que sepamos.

No es sólo un documental. Son miles los artículos y las reseñas publicadas en Internet sobre el tema. La difusión de la información es imparable y alcanza los rincones más lejanos del mundo. Los datos empiezan a ser conocidos por el gran público y los líderes de opinión comprenden que deben afinar sus voces a este tono.

La solución al alcance del tenedor

Estamos presenciando un fenómeno muy interesante.

Por un lado, el mundo está llegando al final de un proceso de décadas de aprendizaje y concienciación sobre el problema del cambio climático. Tras mucho tiempo, la sociedad y sus líderes parecen por fin dispuestos a actuar en favor de una solución al mayor desafío al que jamás nos hayamos enfrentado como especie.

Por otro lado, resulta que la solución a este problema es mucho más simple de lo que pensábamos. Hay una dificultad —más bien psicológica—, pero al menos el remedio no requiere grandes soluciones logísticas, científicas e internacionales, sino que pasa por nuestro plato de comida. "No es el coche, ni las fábricas chinas, estúpido, ¡sino la hamburguesa!", podríamos decir. Para ser honestos, la solución ideal sí requiere todos esos pasos que la humanidad lleva décadas discutiendo. La reducción de emisiones de CO_2 y el desarrollo de energías renovables son objetivos necesarios y deseables a largo plazo. Pero la cuestión es la misma: la solución más inmediata, urgente y eficaz está al alcance de nuestro tenedor.

Entonces, si el ser humano ha comprendido que debe actuar contra el calentamiento global y aprende que la solución pasa por renunciar a la industria que reproduce, cría y ceba a millares de animales cada día, ¿hará lo necesario para salvarse?

Parece una ecuación simple. ¿A qué espera el hombre para actuar? ¡El tiempo apremia!

La lógica es simple, la solución también. Sin embargo, simple no significa fácil. Y nos enfrentamos, como especie, a una de las decisiones más importantes de nuestra historia.

Por tradición de cientos de generaciones, por haber sido educados y adiestrados para comer productos de origen animal como si nuestra vida estuviera en peligro, por miedo y desconocimiento, por el instinto de seguir haciendo las mismas cosas que siempre y lo mismo que hacen nuestros vecinos, por muchos motivos históricos, sociales y psicológicos, nos resistimos a dejar de hacer aquello que nos puede destruir.

Como especie, ya estamos tardando. Nos estamos demorando por mirar al pasado, a los lados y a nuestros pensamientos, en vez de mirar al futuro, a nuestros hijos y a nuestros corazones.

Pero también es verdad que en esta ecuación, la primera parte —la necesidad de combatir el calentamiento global— se fraguó durante largos años. La segunda parte, que señala la solución inmediata y simple que tenemos a nuestro alcance, está siendo divulgada masivamente sólo durante los últimos años. Debemos, pues, dar un poquito más de tiempo para que todos puedan conectar los datos y ver el camino a seguir.

Tiempo... ¿Lo tenemos?

No. Y a falta de tiempo, la urgencia es la que nos va a hacer despertar.

Si actualmente las emisiones de gases de efecto invernadero causadas por la industria de productos animales ocupan el primer lugar, alcanzando entre el 15 y el 51%, las previsiones para el futuro son mucho más preocupantes.

La demanda de carne, pescado, huevos y lácteos sigue aumentando, a pesar del auge de las dietas vegetarianas en Occidente, y se estima que en 2050 se habrá doblado con respecto a hoy. El motivo está en la combinación de dos datos. Por un lado, la población mundial sigue creciendo a un ritmo vertiginoso. Por el otro, la gran mayoría de la población, que vive en países en vías de desarrollo, está mejorando su nivel económico año tras año y, con esta mejoría económica, también imita y adopta el estilo de vida occidental que consume enormes cantidades de proteína animal. En definitiva, habrá más personas y la dieta típica americana —reventada de derivados animales— será más popular.

Ante estos datos, la situación del clima en nuestro planeta no es de urgencia sino de emergencia. El mundo aprenderá que tras años de esfuerzo por conseguir reducciones en la emisión de CO_2, el aumento previsto en cabezas de ganado tirará todas las previsiones y cálculos a la basura.

Actualmente, alrededor del mundo, numerosas fábricas tienen restricciones con el fin de reducir las emisiones de gases de efecto invernadero. Pero son a menudo las instalaciones ganaderas vecinas, que aún denominamos con el obsoleto nombre de 'granjas', las que causan el mayor daño al clima, amparadas por la ignorancia de la mayoría y el silencio cómplice de una minoría.

La irrupción del *verdanismo*

Al final, nos daremos cuenta. La ecuación se despejará y por fin todos podremos ver la solución que señala. Los miles de millones de animales esclavizados en todo el mundo son la causa número uno de polución medioambiental y del calentamiento del planeta.

Sólo renunciando a las industrias de la carne y los lácteos, el pescado y los huevos podremos invertir la situación y evitar las catástrofes previstas incluso en las hipótesis más optimistas.

Éste es el mensaje que está sonando cada vez con más fuerza en los últimos años. No es sólo la popular película *Cowspiracy*, que fue financiada mediante *crowdfunding* gracias a miles de internautas anónimos. Hay documentales, libros e iniciativas, privadas y públicas, que surgen cada año.

En EE. UU., la organización Green Vegans (Veganos verdes) marca un camino que promete ser transitado por las principales organizaciones ecologistas del mundo. Simplemente, se trata de ecologismo con los ojos abiertos. Mientras muchos ecologistas todavía siguen invirtiendo sus esfuerzos en ahorrar unos litros de agua y fomentar el uso de la bicicleta como medio de transporte, los *Green Vegans* centran su energía en el único factor que puede cambiar realmente la situación.

El 7 de marzo de 2007, la ONG PETA envió una carta

a Al Gore en la cual lo instaba a adoptar una dieta vegana, basándose en el informe de la ONU que señalaba a la ganadería como el mayor contribuyente al cambio climático.

El caso de Al Gore es, sin duda, sintomático de lo que está pasando. El exvicepresidente norteamericano era sin duda un modelo del ciudadano occidental medio en cuanto a su estilo de vida y sus creencias. Tras perder las elecciones presidenciales contra George W. Bush en el 2000, Al Gore, que siempre había mostrado su sensibilidad por el medio ambiente, se erigió en el símbolo y líder del movimiento ecologista mundial, tras publicar varios artículos y su famoso libro y documental 'Una verdad incómoda' en 2006. Un año después, recibió el Premio Nobel de la Paz junto al IPCC por su labor ecologista.

Como vimos en nuestra ecuación anteriormente, la conciencia del problema climático había llegado a lo más alto del consenso mundial: el premio Nobel. Sin embargo, aún faltaba la segunda parte: la conexión con la industria animal.

A la carta de PETA del año 2007 Al Gore no respondió, al menos públicamente. Pero a finales de 2013 empezó a correr el rumor por las redes sociales: Al Gore se había hecho vegano, hecho que fue luego confirmado públicamente.

Las barreras empiezan a caer.

Los partidos ecologistas europeos se acercan tímidamente a sus potenciales votantes veganos. Su posición es aún muy insatisfactoria, pero empiezan a comprender que necesitan coherencia en su mensaje. Los Verdes europeos suelen tomarse muy en serio las pautas que salen de las agencias internacionales, especialmente de la ONU, y no pueden seguir ignorando mucho tiempo más los estudios que señalan a la ganadería y a la pesca como los mayores peligros para el medio ambiente.

Asimismo, la dinámica en los partidos ecologistas del viejo continente es de estar atento a cualquier movimiento que hace su colega en el país vecino. De esta manera, no es difícil adivinar que cuando el primer partido ecologista tome el toro por los cuernos, literalmente, y decida añadir a su programa medioambiental la promoción del veganismo, en cuestión de poco tiempo, le seguirán los demás países.

Si el veganismo ha crecido en las últimas décadas, esto no es nada con lo que se avecina en los próximos años. La popularidad del ecologismo en los países occidentales es el campo de cultivo ideal para las teorías veganas de prevención del cambio climático.

Con los datos en la mano, ya no se puede ser ecologista y seguir consumiendo productos de la industria ganadera. Es imposible. Es como si un hombre se declarara feminista pero pegara a su pareja. Como si un pacifista regalara metralletas de juguete a sus hijos. La coherencia es fundamental para cualquier movimiento. Y esto —la veganización del ecologismo— es un *cocktail* explosivo que incendiará sin duda el panorama ideológico mundial. La relación de fuerzas sociopolíticas en Occidente está a punto de cambiar radicalmente.

Una vez que el ecologismo abrace sin reparos la solución del veganismo, tendrá por fin los instrumentos y las soluciones que necesita. Estaremos más cerca que nunca de un cambio profundo en nuestra relación con el mundo que nos rodea.

Cuando parece que en muchos países los sistemas

políticos están cambiando y modernizándose, ¿podríamos asistir al nacimiento de una nueva fuerza social e ideológica que, combinada con motivaciones éticas y de salud pública, rompa todos los esquemas conocidos? ¿Es capaz el ecologismo de renovarse, proponer soluciones pragmáticas y levantar la bandera del veganismo? ¿Es el ecoveganismo, o *verdanismo*, la próxima gran ideología que irrumpirá en la historia?

La realidad de la vida humana en la Tierra va a cambiar drásticamente durante las próximas décadas, para bien o para mal.

La pregunta es si será en la dirección de la catástrofe climática y sus imprevisibles y trágicas consecuencias, o en la adopción masiva del veganismo, como elección individual y como estrategia global que dirija nuestra relación con la naturaleza.

La humanidad tiene poco tiempo para decidir.

Por ahora, la lógica del proceso señala un camino. Los datos que tenemos muestran que el cambio ya ha empezado. La revolución vegana ya está en marcha.

CUARTA PARTE:

LA REVOLUCIÓN YA HA EMPEZADO

EL PRINCIPIO DEL AUGE

«La cobardía pregunta si es seguro. La conveniencia pregunta si es educado. La vanidad pregunta si es popular. Pero la conciencia pregunta si es justo. Y llega el punto en el que hay que tomar una posición que no es ni segura, ni educada, ni popular; pero se debe tomar porque la conciencia te dice que es lo justo».

Martin Luther King

El veganismo es un fenómeno irresistible. Esto se debe, en parte, a que sus banderas ondean por tres senderos diferentes que se terminarán encontrando en la misma plaza para convertir esta revolución en una verdadera catarsis de cambio en favor de un mundo mejor, más justo, más solidario, más sabio y más sano.

Tres mareas revolucionarias avanzan, cada una a su ritmo, cada una a su manera; pero las tres se encontrarán en la plaza del veganismo.

La preocupación por la salud y los avances en el campo de la medicina invitan a la humanidad a descartar de nuestros platos todo ingrediente de origen animal. El progreso ético y moral del hombre nos obliga a girar nuestra mirada hacia los demás animales y abolir la discriminación de la que son objeto. Nuestro instinto de supervivencia se conjuga con nuestra capacidad de razonar para convencernos de abandonar las prácticas especistas que destruyen nuestro hábitat, como la ganadería y la pesca, en pro de una agricultura y una economía sostenibles.

Cada uno de los caminos que hemos recorrido anteriormente es válido y basta por sí solo para justificar un cambio radical de nuestro modo de vida. Combinados, la transformación es inevitable. La revolución ya ha empezado.

Más veganos cada día

Para quien vive el veganismo día a día, sea por sus propias elecciones, por convivir con veganos o por interés intelectual, el auge de lo vegano es algo evidente. De repente, el mundo está lleno de información al respecto, libros, películas, blogs, recetas, encuentros sociales, festivales, canciones, foros, personas de carne y hueso que hablan sobre el tema…

Pero la verdad es que casi siempre uno ve a su alrededor aquello que busca en su interior. ¿Puede ser que los veganos vivan en una burbuja minúscula y aislada sin darse cuenta?

Afortunadamente, tenemos hoy en día varias herramientas para medir el alcance del fenómeno vegano. Sin hacer un examen exhaustivo de todas ellas, podemos simplemente constatar que el número de actividades relacionadas con el veganismo no para de crecer. El número de blogs y sitios web veganos en los principales idiomas es hoy más de cien veces mayor que hace 10 años. Lo mismo ocurre con las páginas y grupos en Facebook, en un período más corto aún. Los libros y documentales, principalmente en inglés, sobre temas relacionados con el veganismo se han multiplicado en los últimos años.

Y un dato, una imagen, del principal recolector de información del mundo, Google:

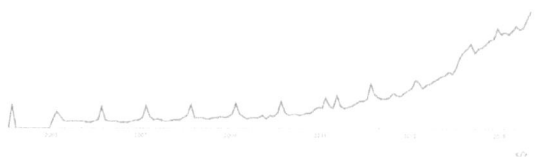

Tendencia de búsqueda del término "vegano" en Google

Este gráfico de Google Trends refleja el interés por el veganismo en el mundo hispanoparlante a lo largo de los últimos años. El aumento de búsquedas de términos similares o relacionados, en otros idiomas como el inglés, el alemán, el hebreo o el mandarín, es aún más pronunciado.

La generación Y

Todavía más significativo es el análisis demográfico de los nuevos veganos. Esto es difícil de realizar puesto que no existe un censo o un banco de datos oficial que incluya toda la información al respecto. Pero sí existen indicios y datos que ilustran el fenómeno.

Diversos estudios, especialmente en los EE. UU., han investigado las tendencias y preferencias de la llamada "Generación Y", nacida entre los 80 y el 2000. Sabemos que los jóvenes de esta generación, que están entrando en la edad de máxima responsabilidad e influencia en la sociedad, dan más importancia a la nutrición y a las causas justas que las generaciones anteriores, los Baby Boom y la Generación X.

Específicamente, el 14% de los jóvenes encuestados en el extensivo estudio de The Hartman Group[42] se declaran "vegetarianos por fe", es decir, por motivos éticos, lo cual implica que gran número de ellos son veganos y otro gran número son veganos potenciales, que como tantísimos vegetarianos, terminan renunciando también a los huevos y a los lácteos al entender que son parte de la misma industria de la carne a la que se oponen.

Según Jonathan Safran Foer, autor del libro *Eating Animals*, el 18% de los universitarios estadounidenses son ya vegetarianos. En todo caso, un informe de la compañía Bon Apetit Management, proveedora de servicios de *catering* en los campus, afirma constatar un aumento del 50% en el número de estudiantes vegetarianos y de un 200% en el número de estudiantes veganos.

Las estimaciones hablan de un creciente porcentaje de veganos con edades entre los 18 y los 33 años, con mayoría femenina. Algunos hablan del 50%, otros del 10% (en los EEUU). Estas cifras, incluso las más conservadoras, son de por sí impresionantes. Teniendo en cuenta que la edad media de maternidad en los países occidentales ronda los 30, esto significa que aún está por llegar toda una generación de "veganos nativos", con todas las implicaciones que esto conlleva.

La curiosidad por todo lo vegano está creciendo a un

ritmo vertiginoso en los últimos años. Y los jóvenes son los más receptivos y entusiastas al respecto. Pero ¿no será sólo una moda pasajera, una tendencia de la que se cansarán rápidamente todos los *hipsters* y los excéntricos, y después todos los demás?

El sonido del dinero

Podemos dejarnos tentar por la idea de que el crecimiento del veganismo es un fenómeno marginal, sin apenas influencia en el corazón de la sociedad. Pero no podemos desestimar los procesos económicos que están ocurriendo y que muestran que la tendencia vegana empieza a dejar un impacto a largo plazo en nuestra sociedad.

Ya fuera de Internet, en el mundo físico, podemos encontrar cada vez más restaurantes y comercios veganos en las ciudades del mundo. También empieza a calar la idea de ofrecer alternativas veganas en restaurantes "normales". En muchos lugares del planeta, los menús se han actualizado para marcar con una hojita verde los platos que son aptos para veganos. Además, muchos de los platos que ofrecen los numerosos locales de comida étnica en el mundo también son veganos. Y para quienes cuentan con un presupuesto más elevado, la revista Forbes ya predijo que la cocina vegana gourmet sería una de las diez tendencias más importantes del 2013.

En los supermercados, también la oferta de productos veganos está creciendo. La leche de soja, por ejemplo, era un producto casi desconocido o inaccesible hace varios años, y hoy se encuentra prácticamente en cualquier establecimiento. También proliferan los sustitutos vegetarianos de carne, embutido y queso. En muchos locales de EE. UU., donde en los últimos dos años se han introducido más de 100 productos veganos nuevos, ya hay departamentos y estanterías separadas para estos productos. También existen en todo el mundo nuevos comercios especializados en productos veganos, entre ellos la pujante cadena alemana Veganz, con ambiciosos planes de expansión por toda Europa.

¿Y las grandes fortunas?

Bill Gates ha invertido grandes sumas en Beyond Meat y Hampton Creek Foods, dos de las mayores compañías especializadas en desarrollar alternativas a la proteína animal. Esta última, Hampton Creek Foods también ha reclutado 23 millones de dólares del hombre más rico de Asia, Li Ka-sing y de Jerry Yang, cofundador de Yahoo. Otro magnate de la nueva economía, Peter Thiel, fundador de Paypal, también ha invertido en Modern Meadow, una interesante compañía que desarrolla carne y piel en laboratorios sin dañar a animales. También deberíamos mencionar a Sergey Brin, uno de los dos fundadores de Google, que entre sus actividades visionarias como Google Glass o Space Adventures, también financió la casi totalidad del millón de dólares que costó desarrollar la primera hamburguesa de laboratorio en 2013.

Lo realmente interesante aquí es constatar que personas con gran visión de futuro y grandes fortunas invierten dinero, tiempo y prestigio en desarrollar proyectos de alimentación vegana que aspiran a sustituir a McDonalds y a Pizza Hut en un futuro no muy lejano. En India, donde un tercio de la población es vegetariana, el hecho de que varios de los magnates económicos de mayor calibre sean veganos es sintomático. También lo es que sean precisamente los magnates americanos, enriquecidos gracias a su visión innovadora en el sector de Internet y las nuevas tecnologías, quienes se interesan por el potencial de una industria alimenticia vegana.

Huevos de origen vegetal, carne de laboratorio... No son oxímoron, sino los objetivos que se ha fijado la ciencia para los próximos años. Muchos activistas veganos creen firmemente que antes que convencer a la gran mayoría de la población, el objetivo más realista debe ser ofrecer al público alternativas atractivas, exentas de explotación animal. Simplemente "hacer que lo correcto sea más fácil".

Ése es el lema de Hampton Creek Foods cuyo producto estrella por el momento es la mayonesa vegana "Just Mayo" ('sólo mayo...'). Gracias a la demanda judicial que presentó Unilever, fabricante de las mayonesas Hellman's contra el uso de la palabra "mayo" (por 'mayonesa') en un producto que no incluía huevos, la marca ganó publicidad valorada en millones de dólares. La demanda fue retirada después de varias semanas y la compañía pudo dedicar su presupuesto de *marketing* a invitar a varios famosos chefs estadounidenses a que probaran su gama de productos. Uno de ellos, Andrew Zimmern, cuenta: "Preferí el sabor de su Just Mayo a Hellman's, mi marca 'indispensable'. En una cata a ciegas".

Con el respaldo de los dólares y los avances científicos, la industria de productos veganos se está preparando para satisfacer la demanda de todo ese creciente número de personas que buscan información sobre el veganismo en Google, y atraer a todos los demás.

El proceso de expansión

Algunos de los nuevos adeptos del estilo de vida vegano son gente famosa. Su influencia social, amplificada en una época en la que todo se cuenta, se fotografía y se comparte, sirve de catalizador para atraer a más personas hacia el mundo del veganismo. Cuando una mañana todos los medios de comunicación anuncian entre sus titulares que Beyonce ha lanzado un servicio de comida vegana a domicilio, es innegable que millones de personas se acercan un poquito más a la comida vegana, algunos se interesan más e investigan, mientras que otros le pierden el miedo y se acostumbran.

En todo caso, la barrera de la reticencia y el desconocimiento se está desplomando.

Pero, más allá de la influencia de unos cuantos famosos, ¿cómo podemos pensar que la idea del veganismo se va a propagar más allá de una minoría?

En su libro *The Tipping Point* (traducido como *La clave del éxito*, 2000), Malcom Gladwell analiza el proceso por el cual un fenómeno o una idea supera el punto de inflexión (*tipping point*) para convertirse en un fenómeno de masas o una idea aceptada por la mayoría de la sociedad. Apoyándose en analogías entre el mundo de las epidemias y los fenómenos sociales, Gladwell nos descubre los mecanismos que funcionan en todos los casos.

Las tres condiciones necesarias para superar ese punto de inflexión son lo que él denomina "Ley de los pocos", la pegajosidad y el contexto.

La ley de los pocos significa que se necesitan tres tipos de personas que practiquen cierto comportamiento antes de que éste se propague: los conectores, los sabios o gurús, y los vendedores.

La pegajosidad, o adherencia, es el grado de atracción que puede tener dicho fenómeno. A menudo, cuanto más se opone a la intuición y a las normas establecidas, más pegajosidad o *viralidad* hipnotizante tiene.

Por último, **el contexto** se refiere a las condiciones externas y objetivas necesarias para la expansión de una idea o de un comportamiento.

Aplicado al veganismo, este modelo se cumple estricta y exquisitamente. Por un lado, tenemos actualmente **unos pocos veganos**, entre cuyas filas encontramos conectores, sabios y vendedores.

Los conectores son personas que "nos unen con el mundo", y así podríamos considerar a todos los famosos conocidos mundialmente, pero sobre todo a mucha gente conocida (atletas, periodistas, científicos, personas de negocios, artistas, intelectuales, etc.) a nivel local —en su país o en su comunidad— que adopta o se acerca al veganismo. Además, por las características mismas del veganismo, como hemos analizado en un capítulo anterior al referirnos a los 'superveganos' o 'veganistas', cualquier vegano, por muy introvertido que sea, es empujado a "conectarse", a justificarse o a explicar qué come y por qué. De esta manera, la mayoría de los veganos se convierte en conectores según la teoría de Gladwell, sumándose a aquellos que de modo natural interactúan con los demás por encima de la media.

Si a esto añadimos el efecto amplificador de Internet y las redes sociales, no sólo tenemos a conectores sino a superconectores.

Los sabios, o gurús, son aquellas personas cuya autoridad profesional y voluntad altruista sirve para dar autoridad y legitimidad a la propagación del fenómeno. En este caso, y según la rama que analicemos, vemos un gran número de médicos, filósofos y ecologistas que cumplen esta función. El Dr. T. Colin Campbell con su *The China Study*, el Dr. Michael Greger o el Dr. Neil Bernard por ejemplo, han contribuido a dar legitimidad a la dieta vegana al descartar cualquier miedo por falta de proteína o cualquier otro nutriente y al demostrar que, al contrario, esta dieta es la más beneficiosa para la salud y puede incluso curar enfermedades. Intelectuales como Tom Regan, Gary Francione o Will Tuttle han establecido las bases éticas, racionales y espirituales sobre las que se apoya actualmente el movimiento por los derechos de los animales. Howard Lyman, exranchero norteamericano, escritor y activista ecovegano, Jim Mason o Paul Watson son también ejemplos personificados de la conexión entre argumentos puramente medioambientales y los argumentos veganos.

Los vendedores, necesarios según Gladwell para sacar el jugo a los dos tipos anteriores —los conectores y los sabios—, no faltan entre las filas veganas. Si bien, tradicionalmente los movimientos sociales que desafían el orden establecido solían carecer de grandes habilidades vendedoras y pecar de ingenuidad, actualmente el movimiento vegano puede presumir de tener la lección aprendida. Es quizás el espíritu de la nueva generación, más consciente del poder del teclado y de la imagen. Los activistas por la liberación animal están más que preparados para entrar en la batalla por la opinión pública y esto se nota en las campañas que hacen en los últimos años la mayoría de las organizaciones por los derechos de los animales.

Es impresionante constatar, por citar sólo unos pocos ejemplos, la profesionalidad y la determinación de jóvenes activistas como Sharon Núñez, de Igualdad Animal, Hovav Amir, de Gary-TV en Israel, Tobias Leenaert, de EVA en Bélgica, Emily Moran Barwick de BiteSizeVegan.com en EE. UU. o de Claudio Pomo de Essere Animali en Italia, a la hora de idear y ejecutar con éxito campañas mediáticas y promover los valores veganos.

También se trata de una cuestión de honestidad. Dale Carnegie decía que una persona apasionada, incluso equivocada, era mucho más convincente que una persona que tuviera razón pero fuera dubitativa. Así, a los que defienden las bondades del veganismo y denuncian las maldades del sistema especista es difícil ganarles en pasión y motivación.

Y si hablamos de honestidad, pasión y motivación, no podemos dejar de mencionar a Gary Yourofsky, cuyas charlas, traducidas a 35 idiomas y difundidas por la red, han cambiado y siguen cambiando a miles de personas en todo el mundo.

Así pues, tenemos a los tres tipos de "pocos" embarcados en la causa vegana: a los conectores, a los sabios y a los vendedores. ¿Qué hay de la causa en sí? Examinemos su "pegajosidad".

Cuando Gladwell introduce el factor de la **"pegajosidad"** o adherencia, lo define como un conjunto de características que hacen de una idea o un fenómeno algo memorable, fácil de explicar y aplicable a situaciones cotidianas.

Uno de los rasgos más interesantes que señala en las ideas "pegajosas" es que son contrarias a la intuición o a la "sabiduría popular" reinante. Al oponerse a lo convencional, aumenta su *sex-appeal*, se graba con mayor fuerza en las mentes y aumentan así sus posibilidades de expansión. El veganismo, ya sea visto como dieta, actitud coherente ante los animales o aplicación de los principios ecologistas, tiene un mensaje práctico y claramente aplicable —no consumir ningún producto que comporte explotación de animales—, con un criterio fácil de recordar, y que llama la atención de los no iniciados por su osadía y su diametral oposición a las tradiciones en las que hemos crecido.

Por último, el tercer elemento en la teoría del Tipping Point es **el contexto**. Dados los dos elementos anteriores en la expansión de un fenómeno, falta que el entorno facilite las cosas y no actúe como un freno. En nuestro caso, observamos tres contextos diferentes que soplan en la misma dirección y avivan así la llama vegana.

A nivel de salud, la concienciación por la importancia de la alimentación es mayor que nunca en la historia humana, probablemente debido a que jamás antes habíamos ingerido tanta porquería teniendo tanta abundancia.

A nivel ético, asistimos a cambios muy significativos en la relación de la industria y de la sociedad a los animales para consumo humano, bajo la bandera del "bienestar animal". En los últimos diez años, se han empezado a introducir muchos cambios en las directrices de los gobiernos para la industria. Aunque lejos de las aspiraciones veganas (tan lejos como que el único resultado deseable para el veganismo es la abolición de la industria animal en su totalidad), estos cambios, resultado de un cambio de actitud en el grueso de la sociedad, son precisamente el viento a favor que ayuda a propagar las ideas revolucionarias y antiespecistas del veganismo.

Los cambios de paradigma, nos guste o no, suelen ser graduales. Al dar expresión a la sensibilidad de los humanos hacia los sentimientos y los derechos de los demás animales, se abre el camino para una relación de verdadero respeto y de igualdad. Una persona que elige comprar huevos camperos por consideración a las gallinas, por ejemplo, está de hecho reconociendo el derecho de esas gallinas a vivir sin sufrimiento. Es cuestión de tiempo para que llegue a la conclusión de que todo tipo de explotación constituye una injusticia hacia esas gallinas o hacia cualquier otro animal.

Finalmente, a nivel medioambiental, las condiciones ideológicas no pueden ser más favorables. La comprensión y la aceptación de la existencia del calentamiento global y la urgencia del problema son el contexto idea para que más gente encuentre y adopte la solución vegana a los problemas del medio ambiente.

Parece pues que la teoría de Malcolm Gladwell, aclamada mundialmente por expertos de todo el mundo, es aplicable perfectamente al fenómeno del veganismo y nos ayuda a entender por qué y cómo se está expandiendo en el mundo.

Muchos otros investigadores se han interesado en comprender los procesos por los que las ideas se difunden y conquistan los corazones de los hombres. En un estudio realizado en 2011 por varios científicos de diversas disciplinas de la SCNARC (Social Cognitive Networks Academic Research Center) se llegó a la conclusión inequívoca de que existe un umbral determinado para la rápida expansión de una idea. Cuando el apoyo es inferior al 10% el progreso social de la idea apenas es perceptible. Pero "cuando el porcentaje supera el 10%, la idea se propaga como una llama", según Boleslaw Szymanski, director de la SCNARC.

Existen más teorías que explican los mecanismos de cambio social y cambio de paradigma. En general, todas se refieren a una masa crítica, a la importancia de que los pioneros del cambio estén extremadamente motivados y tengan habilidades para difundir su mensaje, y al espíritu de los tiempos, o *Zeitgeist*, que es como el viento que sopla y empuja una llama.

Una idea revolucionaria, a hombros de un movimiento de personas motivadas y preparadas, se dispone a asaltar un mundo que da señales de estar listo.

Los expertos, los famosos y los activistas de la causa vegana están propagando el mensaje con rapidez, pasión y consistencia admirables. El principio vegano de respeto e igualdad con las otras especies es algo que la sociedad no puede ni quiere ignorar más porque pone en cuestión las mismas bases sobre las que se apoya. Y el espíritu de los tiempos —convulso, desafiante e innovador— no podía ser más propicio para la aplicación de los principios de justicia, coherencia y armonía con la naturaleza.

Quizás haya ejemplos de fenómenos *virales* más veloces en la historia moderna. Pero, en este caso, se trata de una idea que sacude los pilares de nuestra civilización, con toda la oposición y la dificultad que eso también conlleva.

Es en el fondo una lucha de titanes, entre una revolución absolutamente necesaria y un orden establecido que se mantiene por la inercia de miles de años. Frente a la rigidez y el miedo lógicos ante lo nuevo, el veganismo cuenta con suficientes puntos a favor para crear un antes y un después en la historia humana.

La revolución vegana es el cambio de paradigma más profundo que jamás haya conocido el hombre. Afecta la vida y la muerte de todos los seres vivos del planeta y se expresa en los hábitos cotidianos de cada uno de nosotros. Llega como resultado de millones de años de evolución. Sin ella, todos los logros de la humanidad están en peligro. Con ella, seremos capaces de elevarnos en la historia y comenzar una nueva etapa de progreso, paz y armonía con nuestro entorno, con nuestros semejantes y con nosotros mismos.

LA GRAN ALIANZA
POR UN MUNDO MEJOR

«Yo no sé muchas cosas, es verdad.
Digo tan sólo lo que he visto.
Y he visto:
que la cuna del hombre la mecen con cuentos,
que los gritos de angustia del hombre los ahogan con
cuentos,
que el llanto del hombre lo taponan con cuentos,
que los huesos del hombre los entierran con cuentos,
y que el miedo del hombre...
ha inventado todos los cuentos.
Yo no sé muchas cosas, es verdad,
pero me han dormido con todos los cuentos...
y sé todos los cuentos».
León Felipe (*Sé todos los cuentos*)

El veganismo aporta soluciones y beneficios en áreas diversas como la salud física y mental, el bienestar social, la desigualdad en el mundo, el medio ambiente, y por supuesto, la vida misma de billones de animales.

En la diversidad y convergencia de múltiples causas reside uno de los mayores secretos de su fuerza. Pero esa ventaja todavía se puede y se debe potenciar aún más.

El movimiento vegano aspira a conquistar los corazones de los hombres y poner fin así a la explotación de los otros animales. La ética es y ha sido el principal motor de expansión del veganismo, confiriéndole su carácter revolucionario, activista y político. El activismo vegano está motivado principalmente por argumentos de carácter ético hacia los animales y busca un cambio del comportamiento humano que se antoja imposible si no se convence a gran parte de la sociedad.

De esta manera, de facto, existe una identidad casi total entre el veganismo y el movimiento de liberación animal. La liberación animal es el objetivo particular concreto mientras que el veganismo, como práctica, sirve de boicot ciudadano de las industrias que explotan a los animales. Algo simplificado quizás, pero ésta es básicamente la relación entre ambos.

Sin embargo, con el fin de acelerar el establecimiento de una alternativa real y aceptable para la mayoría de la sociedad, debemos expandir los límites y el significado del veganismo.

Ser vegano es en el fondo una rebelión; en primer lugar contra la explotación animal, pero no únicamente.

Es también rebelarse contra las mentiras que nos han contado desde pequeños, contra los mitos que nos transmitieron nuestros padres: que sólo comiendo carne creceríamos lo suficiente; que la leche y los quesos fortalecen nuestros huesos; que los huevos son buenos para nuestra salud...

Es rebelarse contra la mentiras que nos enseñaron en la escuela: que los peces no sufren y no tienen sentimientos; que las vacas necesitan que las ordeñen para que no sufran con el peso de sus ubres; que las abejas existen para fabricarnos miel; que las gallinas son estúpidas y son felices por poder suministrarnos huevos cada día; que los zoológicos protegen a los animales cuya especie está en peligro de extinción...

Ser vegano significa rechazar las mentiras que nos ha inculcado la industria médico-farmacéutica desde pequeños: que los dolores se quitan con pastillas; que la medicina preventiva consiste en hacerse análisis periódicamente; que todo se puede curar con medicamentos; que todo tumor se puede extirpar...

Es rebelarse contra una sociedad drogodependiente cuyas tasas de enfermedad no paran de aumentar; donde la mitad de la población adulta se medica contra la ansiedad o la depresión; donde la infelicidad y la frustración de millones de humanos alimentan los engranajes de la sociedad de consumo.

Ser vegano es negarse a colaborar con un sistema basado en la explotación del más débil, sea un pobre, un niño, una mujer, un extranjero o un animal no humano. Es negarse a la autocomplacencia, negarse a la comodidad de la ignorancia. Es abrir los ojos al sufrimiento de los demás.

Es una rebelión contra nuestro propio pasado colectivo

y una afirmación de fe y optimismo en el futuro de la humanidad. Es un acto de humildad personal, de superación de los instintos más bajos del hombre, de reconexión con nuestra inocencia.

Ser vegano significa ser valiente, porque sólo los valientes osan destrozar todos esos mitos sobre los que se apoya nuestro mundo. Da miedo pensar en cuántas mentiras se han construido a nuestro alrededor; pero superar ese miedo es un acto de liberación —no ya liberación animal, sino liberación humana—.

En el fondo, el veganismo, entendido en su plena expresión es el movimiento de liberación humana definitivo.

Como tal, debe buscar la alianza y la cooperación con otros agentes y movimientos de cambio social: el pacifismo, el anticonsumismo, el ecologismo, la justicia social, el humanismo, el feminismo, el universalismo... Todos los que busquen activamente mejorar el mundo deben encontrar en el movimiento por los derechos de los animales una mano extendida dispuesta a ayudar en todo momento. También deben prestar atención a los valores que comparten con el veganismo y que éste último ha desarrollado coherentemente más allá de lo convencional.

El Dr. Steve Best, profesor de filosofía en la Universidad de Texas y prominente activista, habla de "liberación total": liberación humana, liberación animal y liberación de la Tierra. Coincide en esta misma idea de alianza entre movimientos revolucionarios y advierte sin tapujos de cómo sería un mundo sin humanos si fracasamos en nuestro intento.

El veganismo puede y debe convertirse en el punto de encuentro de todos quienes buscan mejorar algo del mundo, ya sea la sociedad, la economía, la salud, la situación de los animales, el espíritu del hombre, la sostenibilidad o el medio ambiente. Por eso, el veganismo puede y debe convertirse en el embudo aglutinador de cambio en el siglo XXI. Aspirar a una gran alianza de movimientos por un mundo mejor es su mayor vocación y la mayor garantía de éxito a largo plazo.

Para ello, hay que unirse a otros movimientos en la reflexión y el debate sobre cómo diseñar el mundo del futuro, basado en el respeto y la armonía, sin especismo ni otros tipos de discriminación. Debemos aspirar a una sociedad que ensalce la humildad y la honestidad para que no volvamos a caer presos de mitos y falacias que sólo benefician a unos pocos y dañan a la mayoría.

Por primera vez en la historia hay una idea, sostenida por millones de personas, que desafía uno de los cimientos más antiguos y difundidos del mundo —la explotación de los animales para beneficio del hombre—, al mismo tiempo que garantiza beneficios para la salud personal y pública, integridad ética y salvar el planeta del desastre medioambiental al que parecemos abocados.

Es una oferta de lo más atractiva: mejora tu salud, deja de explotar y matar, salva el planeta. Es un paquete con beneficios tan tentadores que ni el mejor publicista habría podido idear un producto semejante. El precio — abstenerse de cualquier forma de explotación animal— parece descabellado al principio; pero una vez que se cambia el chip, parece increíble resistirse.

Mientras que las ideologías revolucionarias del pasado aspiraban a cambiar el mundo logrando el poder político necesario para cambiar las leyes y la relación de fuerzas en la sociedad, la propuesta vegana se convierte en el mejor ejemplo de la máxima que predicó en su día el Mahatma

Gandhi: "Sé el cambio que deseas ver en el mundo". No hay que esperar a la revolución en la plaza de la capital, sino empezar por uno mismo.

Tres veces al día, cuando decides lo que comes, estás cambiando tu vida, el mundo y el futuro de la vida en el planeta. Al elegir qué ropa usas, qué productos compras o cómo te relacionas con los animales de otras especies estás realizando un acto constante de insumisión al orden establecido. Estás siendo tú "el cambio que deseas ver".

Cuando parece que la contaminación medioambiental es una batalla perdida, que la destrucción de la naturaleza y la extinción de especies son algo inevitable, que la crueldad humana es innata y que la codicia consumista es insoportable, llega una corriente de aire fresco con olor a esperanza.

Llega en la era digital, en la que las ideas se expanden de modo más horizontal y rápido que en ninguna otra etapa anterior de nuestra historia. No parece ser casualidad.

Llega en el momento justo. Y llega izando la bandera de la revolución para anunciarnos un mundo mejor.

El veganismo es mucho más que una dieta, más que un movimiento de liberación animal y más que una solución medioambiental. Se trata de una revolución puesto que propone un mundo radicalmente distinto del que conocemos y porque conduce a la próxima etapa en la evolución del hombre.

EPÍLOGO

« Your servant here, he has been told
to say it clear, to say it cold:
It's over, it ain't going any further...»

«Aquí vuestro servidor ha recibido instrucciones
de decirlo claro y decirlo fríamente:
Se acabó, esto no va a continuar...».

Leonard Cohen (*The Future*)

En este libro he tratado de mostrar por qué el veganismo es necesario y por qué es inevitable.

Es necesario a varios niveles.

A nivel de salud, comer productos de origen animal nos enferma y nos mata. Las pruebas y los datos están ahí para quien quiera abrir los ojos.

En cuanto a justicia y ética se refiere, nuestra conciencia no dormirá tranquila mientras, a cada segundo, miles de animales sigan siendo explotados sólo para satisfacer nuestros caprichos.

Con respecto a nuestra relación con el planeta, lo estamos haciendo fatal. Más allá de los datos científicos sobre el calentamiento global, la polución y la insostenibilidad de la industria animal, nuestra cosificación de los otros animales no deja de ser una consecuencia de nuestra visión antropocentrista y de una actitud inmadura e irresponsable hacia la naturaleza y hacia nuestro hogar.

Diría incluso que nuestro modo de actuar es un insulto a la fuerza vital creadora del universo. La arrogancia del hombre no deja de alcanzar nuevas cimas y nuestro desprecio hacia todo lo que no es "nosotros" es inaceptable e injustificable.

El veganismo ofrece respuestas para combatir estos grandes males de nuestra civilización. Sin ser propiamente una filosofía, una religión, un estilo de vida o una dieta, abarca características diversas que lo convierten en una corriente ideológica revolucionaria con la capacidad y la ambición de cambiar el mundo.

Este cambio, esta revolución, es inevitable a varios niveles.

A nivel de salud, así como hemos aprendido sobre la nocividad del tabaco o la importancia de la higiene personal para mejorar la salud humana, estamos empezando a comprender que comer carne, leche y huevos de animales nos mata lentamente. Los actores principales relacionados con la salud pública han empezado a reconocerlo y pronto no habrá más remedio que prevenir del peligro a cualquier adicto a estos productos.

A nivel ético, los días en los que alguien diga impunemente "es sólo un perro" o "es sólo una vaca" están contados. Por suerte, la historia humana sigue avanzando en la buena dirección y el especismo es prácticamente la última gran injusticia global por derrumbar. La conciencia humana está despertando y se prepara para hacer justicia por fin.

A nivel ecológico, nos enfrentamos a una decisión crucial. O cambiamos nuestro modo de vida y redefinimos nuestra relación con la naturaleza, o vamos directos al abismo, a la destrucción y a la desolación.

No faltan motivos para que los humanos adoptemos el principio del respeto hacia todos los animales. Pero es que además, seremos los mayores beneficiados.

El cambio se acerca. Ya se puede oír el murmullo de la revolución. Avanza simultáneamente por varios senderos y se dispone a cambiar el rumbo de la historia.

Y a ti, querido/a lector/a, te animo a que te subas al barco del veganismo si no lo has hecho aún. Si ya estás en él, te animo igualmente a que sigas remando con todas tus fuerzas, a que tiendas tu mano a los que están fuera, y que no desfallezcas. Ningún otro camino vale la pena como éste y, además, estamos más cerca que nunca de llegar a buen puerto. Pronto vamos a cambiar el mundo, más que ninguna otra revolución antes en la historia.

Un mundo vegano será un mundo mejor, para todos los habitantes del planeta.

¡Adelante!

CONTACTO

Querido/a lector/a:

Muchas gracias por haber llegado hasta aquí.

Me encantaría conocer tu opinión. Escríbeme a joseph@vitaminavegana.com y dime lo que piensas.

También te agradecería que dediques un minuto a dejar un comentario en la misma página web en la que has conseguido el libro. Así influirás en otros lectores para decidir si les interesa esta obra y ayudarás a que más gente la encuentre.

Por último, si quieres estar al corriente de cualquier nuevo libro, artículo o actividad en la que esté involucrado, te invito a que te suscribas a mi blog: VitaminaVegana.com.

¡Hasta la próxima!

Joseph de la Paz

REFERENCIAS

1 Luciano Proietti, pediatra, miembro del UNICEF Medical and Scientific Committee y miembro del AVI Scientific Committee.
www.ivu.org/congress/euro97/mother.html

2 Un gramo de proteína equivale a 4 kcal; de esta manera se puede calcular fácilmente el porcentaje de proteínas en el aporte calórico de cualquier alimento.

3 USDA Nutrient Database for Standard Reference, Release 24, 2011.
http://www.vrg.org/nutrition/protein.php

4 http://www.greatveganathletes.com

5 http://www.amazon.com/Correr-comer-vivir-Steve-Friedman/dp/8499982441

6 http://en.wikipedia.org/wiki/Carl_Lewis

7 http://www.who.int/mediacentre/factsheets/fs310/es/index2.html

8 http://www.thechinastudy.com/the-china-study/in-spanish/

9 http://www.fda.gov/Drugs/DevelopmentApprovalProces

s/DevelopmentResources/DrugInteractionsLabeling/ucm
110632.htm

10 http://es.wikipedia.org/wiki/Albert_Bruce_Sabin

11
http://www.semfyc.es/componentes/ficheros/descarga.ph
p?MTExMjQ%3D

12
http://apps.elsevier.es/watermark/ctl_servlet?_f=10&pid
ent_articulo=13019951&pident_usuario=0&pcontactid=
&pident_revista=4&ty=11&accion=L&origen=zonadele
ctura&web=www.elsevier.es&lan=es&fichero=4v20n09
a13019951pdf001.pdf

13 Eisnitz, Slaughterhouse, pp. 92-93.

14 Eisnitz, Slaughterhouse, p. 87

15 'Some Thoughts concerning education': Algunos
pensamientos educativos (1693)
https://es.wikipedia.org/wiki/Derechos_de_los_animales
#1641:_Descartes

16 http://www.fao.org lección 27: corte de dientes de
los lechones

17 http://www.fao.org lección 36: marcado de las
orejas con chapas y muescas

18 http://www.fao.org lección 20: parto de las ovejas
y cabras

19 http://www.fao.org lección 14: castración de
rumiantes

20 http://www.stopvivisection.eu/es

21
http://www.stopvivisection.eu/es/content/qu%C3%A9-
es-la-vivisecci%C3%B3n-preguntas-y-respuestas

22 http://www.cosmeticsdesign.com/Market-
Trends/Global-beauty-market-to-reach-265-billion-in-

2017-due-to-an-increase-in-GDP

23 http://www.peta.org/features/16-billion-taxpayer-money-wasted-annually-animal-testing/

24 http://en.wikipedia.org/wiki/World_population

25 Richard Perren, "Taste, Trade and Technology: The Development of the International Meat Industry Since 1840", Ashgate Publishing, Ltd., 2006, p.124.

26 http://chartsbin.com/view/25423

27 Lymbery, Philip. "Facts and Figures." Compassion in World Farming, 2012. Web Accessed April 21, 2014.

28 http://www.theguardian.com/world/2009/apr/08/brazilian-murder-dorothy-stang

29 http://www.oei.org.co/sii/entrega21/art03.htm

30 http://www.fao.org/docrep/011/a0701s/a0701s00.htm

31 https://www.consumerfreedom.com/2008/10/3742-livestocks-shrinking-us-shadow/

32 http://www.worldwatch.org/files/pdf/Livestock%20and%20Climate%20Change.pdf

33 "A Diet Rich in Profit," Adbusters Journal, November–December 2002.

34 http://elpais.com/diario/2009/07/27/necrologicas/1248645601_850215.html

35 http://www.unionvegetariana.org/ada.html

36 http://www.ars.usda.gov/is/pr/2000/000802.htm

37 http://www.ncbi.nlm.nih.gov/pmc/articles/PMC3662288

38 http://youtu.be/T5pDU1yMWMw

39 https://twitter.com/Pontifex/status/611684848130879488

40 http://fcmconference.org/img/CambridgeDeclarationOn Consciousness.pdf

41 http://www.cetaceanrights.org/

42 http://www.hartman-group.com/publications/reports/culture-of-millennials-2011